ÉDITIONS SAINT-SÉBASTIEN

-2016-

LA RÉVOLUTION

D'APRÈS LA DIXIÈME ÉDITION

Plus de vingt mille exemplaires de ce petit Traité ont été répandus en France en moins d'une année. Dès son apparition, il a été traduit en plusieurs langues, notamment en italien, à Rome, à Florence, à Bologne, à Turin, etc.; en anglais, en allemand, en espagnol; et il a été reproduit en Belgique sur une très-vaste échelle.

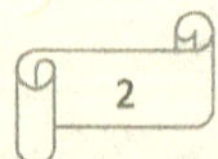

AUX JEUNES GENS

Je dédie ces pages aux jeunes gens, parce que leur esprit n'est pas encore gâté par les doctrines perverses, et parce qu'en eux réside l'espoir de l'avenir pour l'Église et pour la France. L'adolescence est l'âge décisif de la vie; l'esprit et le cœur y prennent, comme le visage, des lignes, une forme qu'ils ne quitteront plus. Dieu l'a dit lui-même : ADOLESCENS (l'adolescent, non pas l'enfant) *juxta viam suam, etiam cum senuerit, non recedet ab ea.*

Ils entrent dans un monde qui marche à l'aventure parce qu'il n'a plus de principes et que depuis plus d'un siècle l'enseignement incohérent de mille faux docteurs l'éloigne de plus en plus de la foi et du bon sens. Ils vont lire dans les journaux, ils vont entendre de toutes parts tant de folies et tant de mensonges, qu'ils seront bientôt entraînés eux-mêmes s'ils n'ont une forte sauvegarde; et cette sauvegarde, c'est la vérité, ce sont de vrais et solides principes.

Je n'ai pas la prétention de tout dire en un si court travail; mon but est uniquement de faire bien comprendre aux jeunes lecteurs : 1° ce que c'est que la RÉVOLUTION; comment et pourquoi la Révolution est la grande question religieuse de notre temps; 2° ce que sont en réalité les principes de 89, et quelles illusions peuvent nous faire tomber dans l'erreur révolutionnaire; 3° enfin quels devoirs incombent à tous les vrais chrétiens dans le siècle de perturbations et de ruines que nous traversons.

Étranger à tout parti politique, je me borne ici à une exposition raisonnée de principes au plus important de tous les points de vue, qui est celui de la foi ; il sera facile à chacun de tirer les conclusions pratiques en appliquant ces principes dans la mesure du possible.

Rien de plus pratique pour vous, mes amis, que ces notions abstraites en apparence ; rien de plus nécessaire ; car c'est à vous, sachez-le bien, à vous, jeunes gens bons et honnêtes, que l'on en veut spécialement ; c'est vous que la Révolution veut enrôler contre Dieu : « C'est à la jeunesse qu'il faut aller, a-t-elle osé dire dans un acte officiel ; c'est la jeunesse qu'IL FAUT SÉDUIRE, elle que nous devons entraîner, SANS QU'ELLE SANS DOUTE, sous nos drapeaux [1]. »

On veut vous séduire ; je voudrais vous éclairer. La vérité est le seul antidote du poison que l'on vous prépare. Le défaut de principes, voilà ce qui rend si vulnérable notre société moderne ; voilà ce qui manque avant tout aux hommes de bonne foi qui sont en grand nombre ; et vous autres, qui serez bientôt la force vive de cette société défaillante, vous avez pour mission de faire mieux que vos pères et de mettre tout en œuvre pour la sauver.

Méditez, je vous en conjure, les vérités que je résume ici pour vous ; je les livre en toute confiance à votre foi et à votre bonne foi. Je plaindrais le jeune catholique qui n'en comprendrait pas l'importance.

Ce travail a été béni par le Souverain-Pontife au moment où je l'ai entrepris. Cette bénédiction sacrée s'étendra, je l'espère, sur chaque lecteur, et suppléera à l'imperfection de mes paroles.

[1] Instruction secrète émanée de la *Vente suprême révolutionnaire*, centre européen de toutes les sociétés secrètes.

LA RÉVOLUTION

I

La Révolution. Ce qu'elle n'est pas.

Le mot *révolution* est une parole élastique dont on abuse à tout propos pour séduire les esprits.

Une révolution, en général, c'est un changement fondamental qui s'opère dans les mœurs, dans les sciences, dans les arts, dans les lettres, et surtout dans les lois et le gouvernement des sociétés. En religion ou en politique, c'est le développement complet, le complet triomphe d'un principe subversif de tout l'ancien ordre social. Ordinairement le mot révolution se prend dans un mauvais sens; cependant cette règle n'est pas sans exception. Ainsi l'on dit : « Le christianisme a opéré une grande *révolution* dans le monde, » et cette révolution a été très-heureuse. Il est également vrai de dire : « Dans tel ou tel pays a éclaté une *révolution* qui a mis tout à feu et à sang ; » c'est encore une révolution, mais une révolution mauvaise.

Il y a une différence essentielle entre *une révolution* et ce que depuis un siècle on appelle LA RÉVOLUTION. De tout temps il y a eu des révolutions dans les sociétés humaines ; tandis que la Révolution est un phénomène tout moderne et tout récent.

Bien des gens s'imaginent, sur la foi de leur journal, que c'est à la Révolution que depuis soixante ans l'humanité doit tout son bien-être ; que nous lui devons tous nos progrès dans l'industrie, tout le développement de notre commerce, toutes les inventions modernes des arts et des sciences ; que sans elle nous n'aurions ni chemins de fer, ni télégraphes électriques, ni bateaux à vapeur, ni machines, ni armée, ni instruction, ni gloire ; en un mot, que sans la Révolution tout serait perdu et que le monde retomberait dans les ténèbres.

Rien de tout cela. Si la Révolution a été l'occasion de quelques-uns de ces progrès, elle n'en a pas été la cause. La violente secousse qu'elle a imprimée au monde entier a sans doute précipité certains développements de la civilisation matérielle ; cette même violence en a fait avorter beaucoup d'autres. Toujours est-il que la Révolution, considérée en elle-même, n'a été, à proprement parler, le *principe* d'aucun progrès réel.

Elle n'est pas non plus, comme on voudrait nous le faire croire, l'affranchissement légitime des opprimés, la suppression des abus du passé, l'amélioration et le progrès de l'humanité, la diffusion des lumières, la réalisation de toutes les aspirations généreuses des peuples, etc., etc. Nous allons nous en convaincre en apprenant à la connaître à fond.

La Révolution n'est pas davantage le grand *fait* historique et sanglant qui a bouleversé la France et même l'Europe à la fin du dernier siècle. Ce fait, dans sa phase modérée aussi bien que dans ses excès épouvantables, n'a été qu'un fruit, qu'une manifestation de la Révolution, laquelle est une *idée*, un PRINCIPE, plus encore qu'un fait. Il est important de ne pas confondre ces choses.

Qu'est-ce donc que la Révolution ?

II

Ce que c'est que la Révolution, et comment c'est une question religieuse, non moins que politique et sociale.

La Révolution n'est pas une question purement politique ; c'est aussi une question religieuse, et c'est uniquement à ce point de vue que j'en parle ici. La Révolution n'est pas seulement une question religieuse, mais elle est *la grande question religieuse de notre siècle.* Pour s'en convaincre, il suffit de réfléchir et de préciser.

Prise dans son sens le plus général, la Révolution est la RÉVOLTE *érigée en principe et en droit.* Ce n'est pas seulement le fait de la révolte ; de tout temps il y a eu des révoltes ; c'est le droit, c'est le principe de la révolte devenant la règle pratique et le fondement des sociétés ;

c'est la négation systématique de l'autorité légitime ; c'est la théorie de la révolte, c'est l'apologie et l'orgueil de la révolte, la consécration légale du principe même de toute révolte. Ce n'est pas non plus la révolte de l'individu contre son supérieur légitime, cette révolte s'appelle tout simplement désobéissance ; c'est la révolte de la société en tant que société ; le caractère de la Révolution est essentiellement *social* et non pas individuel.

Il y a trois degrés dans la Révolution :

1. La destruction de l'Église, comme autorité et société religieuse, protectrice des autres autorités et des autres sociétés ; à ce premier degré, qui nous intéresse directement, la Révolution est la négation de l'Église érigée en principe et formulée en droit ; la séparation de l'Église et de l'État dans le but de découvrir l'État et de lui enlever son appui fondamental ;

2. La destruction des trônes et de l'autorité politique légitime, conséquence inévitable de la destruction de l'autorité catholique. Cette destruction est le dernier mot du principe révolutionnaire de la démocratie moderne et de ce qu'on appelle aujourd'hui la *souveraineté du peuple ;*

3. La destruction de la société, c'est-à-dire de l'organisation qu'elle a reçue de Dieu ; en d'autres termes, la destruction des droits de la famille et de la propriété, au profit d'une abstraction que les docteurs révolutionnaires appellent l'État. C'est le *socialisme*, dernier mot de la Révolution parfaite, dernière révolte, destruction du dernier droit. A ce degré, la Révolution est, ou plutôt serait

la destruction totale de l'ordre divin sur la terre, le règne parfait de Satan dans le monde.

Nettement formulée pour la première fois par Jean-Jacques Rousseau, puis en 89 et en 93 par la *révolution française*, la Révolution s'est montrée dès son origine l'ennemie acharnée du christianisme; elle a frappé l'Église avec une fureur qui rappelait les persécutions du paganisme; elle a tué les Évêques, massacré les prêtres, les catholiques; elle a fermé ou détruit les églises, dispersé les Ordres religieux, traîné dans la boue les croix et les reliques des Saints; sa rage s'est étendue dans l'Europe entière; elle a brisé toutes les traditions, et un moment elle a cru détruit le christianisme, qu'elle appelait avec mépris une vieille et fanatique superstition.

Sur toutes ces ruines, elle a inauguré un régime nouveau de lois athées, de sociétés sans religion, de peuples et de rois *absolument* indépendants; depuis soixante ans, elle grandit et s'étend dans le monde entier, détruisant partout l'influence sociale de l'Église, pervertissant les intelligences, calomniant le clergé, et sapant par la base tout l'édifice de la foi.

Au point de vue religieux, on peut la définir : la *négation* LÉGALE *du règne de* JÉSUS-CHRIST *sur la terre, la destruction* SOCIALE *de l'Eglise.*

Combattre la Révolution est donc un acte de foi, un devoir religieux au premier chef. C'est de plus un acte de bon citoyen et d'honnête homme; car c'est défendre la patrie et la famille. Si les partis politiques honnêtes la combattent à leur point de vue, nous devons, nous autres chrétiens, la combattre à un point de vue bien supérieur, pour défendre ce qui nous est plus cher que la vie.

III

Que la Révolution est fille de l'incrédulité.

Pour juger la Révolution, il suffit de savoir si l'on croit ou non en Jésus-Christ. Si le Christ est Dieu fait homme, si le Pape est son Vicaire, si l'Église est son envoyée, il est évident que les sociétés comme les individus doivent obéir aux directions de l'Église et du Pape, lesquelles sont les directions de Dieu même. La Révolution, qui pose en principe l'indépendance absolue des sociétés vis-à-vis de l'Église, *la séparation* de l'Église et de l'État, se déclare par cela seul « incrédule au Fils de Dieu, et est jugée d'avance, » selon la parole de l'Évangile.

La question révolutionnaire est donc en définitive une question de foi. Quiconque croit en Jésus-Christ et en la mission de son Église, ne peut être révolutionnaire s'il est logique; et tout incrédule, tout protestant, *s'il est logique*, doit adopter le principe apostat de la Révolution, et, sous sa bannière, combattre l'Église. L'Église catholique, en effet, si elle n'est divine, usurpe tyranniquement les droits de l'homme.

Jésus-Christ est-il Dieu? toute puissance lui appartient-elle au ciel et sur la terre? les Pasteurs de l'Église, et le Souverain-Pontife à leur tête, ont-ils ou n'ont-ils pas, de droit divin, par l'ordre même du Christ, la mission d'enseigner à toutes les nations et à tous les hommes ce qu'il faut faire et ce qu'il faut éviter pour accomplir la volonté de Dieu? y a-t-il un seul homme, prince ou sujet, y a-t-il une seule société, qui ait le droit de repousser cet enseignement infaillible, de se soustraire à cette haute direction religieuse? Tout est là! C'est une question de foi, de catholicisme.

L'État doit obéir au Dieu vivant, aussi bien que l'individu et la famille; pour l'État comme pour l'individu, il y va de la vie.

IV

Quel est le véritable père de la Révolution, et quand elle est née.

Il y a dans la Révolution un mystère, un mystère d'iniquité que les révolutionnaires ne peuvent pas comprendre, parce que la foi seule peut en donner la clef et qu'ils n'ont pas la foi.

Pour comprendre la Révolution, il faut remonter jusqu'au père de toute révolte, qui le premier a osé dire, et ose répéter jusqu'à la fin des siècles : *Non serviam*, Je n'obéirai pas.

Oui, Satan est le père de la Révolution. La Révolution est son œuvre, commencée dans le ciel et se perpétuant dans l'humanité d'âge en âge. Le péché originel, par lequel Adam, notre premier père, s'est également révolté contre Dieu, a introduit sur la terre, non pas encore la Révolution, mais l'esprit d'orgueil et de révolte qui en est le principe; et depuis lors le mal a été sans cesse grandissant, jusqu'à l'apparition du christianisme, qui l'a combattu et refoulé en arrière.

La Renaissance païenne, puis Luther et Calvin, puis Voltaire et Rousseau, ont relevé la puissance maudite de Satan, leur père; et, favorisée par les excès du césarisme, cette puissance a reçu, dans les principes de la révolution française, une sorte de consécration, une constitution qu'elle n'avait pas eue jusque-là et qui fait dire avec justice que la RÉVOLUTION est née en France en 1789. « La « révolution française, disait en 93 le féroce Babeuf, « n'est que l'avant-courrière d'une révolution bien plus « grande, bien plus solennelle, et qui sera la dernière. » Cette révolution suprême et universelle qui remplit déjà le monde, c'est la Révolution. Pour la première fois, depuis six mille ans, elle a osé prendre à la face du ciel et de la terre son nom véritable et satanique : LA RÉVOLUTION, c'est-à-dire : la grande révolte.

Elle a pour devise, comme le démon, la fameuse parole : *Non serviam*. Elle est satanique dans son essence; et, en renversant toutes les autorités, elle a pour fin dernière la destruction totale du règne du Christ sur la terre. La Révolution, qu'on ne l'oublie pas, est avant tout un mystère de l'ordre religieux; c'est l'*antichristianisme*. C'est ce que constatait, dans son Encyclique du 8 décembre 1849, le Souverain-Pontife Pie IX : « La Révolution « est inspirée par Satan lui-même. Son but est de dé- « truire de fond en comble l'édifice du Christianisme et « de reconstituer sur ses ruines l'ordre social du paga-

« nisme. » Avertissement solennel confirmé à la lettre par les aveux de la Révolution elle-même : « Notre but « final, dit l'instruction secrète de la *Vente suprême*, « notre but final est celui de Voltaire et de la Révolution « française, *l'anéantissement à tout jamais du catho-* « *licisme et même de l'idée chrétienne.* »

V

Quel est l'antirévolutionnaire par excellence.

C'est Notre-Seigneur Jésus-Christ dans le ciel, et, sur la terre, le Pape, son Vicaire.

L'histoire du monde est l'histoire de la lutte gigantesque des deux chefs d'armée : d'une part, le Christ avec sa sainte Église ; de l'autre, Satan avec tous les hommes qu'il pervertit et qu'il enrôle sous la bannière maudite de la révolte. Le combat a de tout temps été terrible ; nous vivons au milieu d'une de ses phases les plus dangereuses, celle de la séduction des intelligences et de l'organisation sociale de ce qui, devant Dieu, est désordre et mensonge.

Le Pape et l'Église sont maintenant, comme toujours, sur la brèche, défendant la vérité et la justice envers et contre tous, mortellement haïs des révolutionnaires de tout étage, dont ils démasquent les complots et déconcertent les projets.

Sur le point de mourir, un de nos plus illustres Évêques dévoilait naguère la haine et les projets de la Révolution contre le Souverain-Pontife. « Le Pape, écrivait-il « de sa main défaillante, le Pape, a un ennemi : la Révo« lution. Un ennemi implacable, qu'aucun sacrifice ne « saurait apaiser, avec lequel il n'y a point de transaction « possible. Au début, on ne demandait que des réformes. « Aujourd'hui les réformes ne suffisent pas. Démembrez « la souveraineté temporelle du Saint-Siége ; mutilez « l'œuvre admirable que Dieu et la France achevèrent il « y a plus de mille ans ; jetez aux mains de la Révolution, « morceau par morceau, tout le patrimoine de saint « Pierre, vous n'aurez pas satisfait la Révolution, vous « ne l'aurez pas désarmée. La ruine de l'existence tem« porelle du Saint-Siége est moins un but qu'un moyen, « c'est un acheminement vers une plus grande ruine. « L'existence divine de l'Église, voilà ce qu'il faut anéan« tir, ce dont il ne doit rester aucun vestige. Qu'importe, « après tout, que la faible domination dont le siége est « à Rome et au Vatican soit circonscrite dans des limites « plus ou moins étroites ? qu'importent Rome même et « le Vatican ? Tant qu'il y aura sur terre ou sous terre, « dans un palais ou dans un cachot, un homme devant « lequel deux cents millions d'hommes se prosterneront « comme devant le représentant de Dieu, la Révolution « poursuivra Dieu dans cet homme. Et si, dans cette « guerre impie, vous n'avez pas pris résolûment contre la « Révolution le parti de Dieu, si vous capitulez, les tem« péraments par lesquels vous aurez essayé de contenir « ou de modérer la Révolution n'auront servi qu'à enhar« dir son ambition sacrilége et à exalter ses sauvages

« espérances. Forte de votre faiblesse, comptant sur vous « comme sur des complices, je ne dis pas assez, comme « sur des esclaves, elle vous sommera de la suivre jus- « qu'au terme de ses abominables entreprises. Après « vous avoir arraché des concessions qui auront con- « sterné le monde, elle aura des exigences qui épouvan- « teront votre conscience.

« Nous n'exagérons rien. La Révolution, considérée, « non par le côté accidentel, mais dans ce qui constitue « son essence, est quelque chose à quoi rien ne peut être « comparé dans la longue suite des révolutions par les- « quelles l'humanité avait été emportée depuis l'origine « des temps, et que nous voyons se dérouler dans l'histoire « du monde.

« La Révolution est l'insurrection la plus sacrilége qui « ait armé la terre contre le ciel, le plus grand effort « que l'homme ait jamais fait, non pas seulement pour « se détacher de Dieu, mais pour se substituer à Dieu. »

La Révolution n'en veut au Pape-Roi que pour atteindre plus sûrement le Pape-Pontife. Elle comprend, comme nous, que le Pape-Roi, c'est le Pape matériellement indépendant, c'est le Pape inviolable. Le Pape inviolable, c'est le Pape libre de dire toute la vérité et de lancer l'anathème contre les spoliateurs et les despotes, quelle que soit la hauteur de leur taille. La Révolution, qui, sous le masque de la liberté et de l'égalité, n'est que la spoliation et le despotisme vivant, ne peut supporter la royauté pontificale; son existence est pour elle une question de vie ou de mort.

Le Pape, Vicaire du Christ, est ainsi l'ennemi-né de la Révolution. Les Évêques fidèles et les prêtres selon le cœur de Dieu, partagent avec lui cette gloire et ce danger. Ils vivent au milieu des hommes, en personnifiant l'Église et la loi de Dieu, et sont pour cela même le point de mire de la haine révolutionnaire. La spoliation du domaine temporel serait le dernier coup porté à la dernière racine qui, par la propriété, attache l'Église au sol de l'Europe. « Or, disait, il y a trente ans, M. de Bonald, « c'en est fait de la religion publique en Europe, si elle « n'a pas de propriété ; c'en est fait de l'Europe, si elle « n'a plus de religion publique. »

« Il faut décatholiciser le monde, écrit un des chefs de « la Vente de la Haute-Italie ; ne conspirons que contre « Rome : la révolution dans l'Église, c'est la révolution « en permanence, c'est le renversement obligé des trônes « et des dynasties. La conspiration contre le siége romain « ne devrait pas se confondre avec d'autres projets. »

Autour du Pape, des Évêques et des prêtres, viennent se grouper, « pour combattre le bon combat et conserver la foi, » les vrais catholiques, disciples fidèles de Notre-Seigneur Jésus-Christ. Par la prière, par les saintes œuvres, par l'action et par la parole, par la polémique, par tous les moyens légitimes d'influence, chacun d'eux s'efforce de repousser l'ennemi et de faire triompher la bonne cause. C'est la petite et très-grande armée du Christ. Le géant révolutionnaire se flatte de l'écraser, comme jadis Goliath en face de David ; mais Dieu est avec nous et il nous a dit : « Ne craignez point, petite troupe, parce qu'il a plu à votre Père de vous donner la victoire. » Marchons donc, et du courage!

Jeunes gens, votre place est marquée dans nos rangs. Hâtez-vous d'accourir et d'apporter à votre divin Maître le concours de votre fidélité naissante! Dans un temps comme le nôtre, tout chrétien doit être soldat, et Jésus, en nous ralliant sous l'étendard sacré de son Église, nous crie à tous : *Qui non est mecum, contrà me est!* — Quiconque n'est pas pour moi, est contre moi. » (S. Luc, xi, 23.)

VI

Entre l'Église et la Révolution, la conciliation est-elle possible?

Pas plus qu'entre le bien et le mal, entre la vie et la mort, entre la lumière et les ténèbres, entre le ciel et l'enfer. Écoutez plutôt :

« La Révolution, disait naguère une loge italienne de « carbonari dans un document occulte, la Révolution n'est « possible qu'à une condition : le renversement de la Papauté. Les conspirations à l'étranger, les révolutions en « France n'aboutiront jamais qu'à des résultats secon- « daires tant que Rome sera debout. Quoique faibles « comme puissance temporelle, les Papes ont encore une « immense force morale. C'est donc sur Rome que « doivent converger tous les efforts des *amis de l'huma-* « *nité*. Pour la détruire, tous les moyens sont bons. Une

« fois le pape renversé, tous les trônes tomberont natu-
« rellement. »

« Il faut, dit de son côté Edgard Quinet, il faut que le « catholicisme tombe. Point de trêve avec l'INJUSTE ! Il « s'agit non-seulement de réfuter le papisme, mais de « l'extirper ; non-seulement de l'extirper, mais de le dés-« honorer ; non-seulement de le déshonorer, mais de « l'étouffer dans la boue ». — « Il est décidé dans nos « conseils que nous ne voulons plus de chrétiens, » écrit la Haute-Vente. Voltaire avait dit auparavant : « Écrasons l'INFAME ! » Et Luther : « Lavons-nous les mains dans « leur sang ! »

L'Église proclame les droits de DIEU comme principe tutélaire de la moralité humaine et du salut des sociétés ; la Révolution ne parle que des droits de l'homme et constitue une société sans DIEU. L'Église prend pour base la foi, le devoir chrétien ; la Révolution ne tient nul compte du christianisme ; elle ne croit pas en JÉSUS-CHRIST, elle écarte l'Église et se fabrique à elle-même je ne sais quels devoirs philanthropiques qui n'ont d'autre sanction que l'orgueil de l'*honnête homme* et la peur des gendarmes. L'Église enseigne et maintient tous les principes d'ordre, d'autorité, de justice dans la société ; la Révolution les bat en brèche, et, avec le désordre et l'arbitraire, constitue ce qu'elle ose appeler le droit nouveau des nations, la civilisation moderne.

L'antagonisme est complet : c'est la soumission et la révolte, c'est la foi et l'incrédulité. Nul rapprochement possible, nulle transaction, nulle alliance. Retenez bien ceci : Tout ce que la Révolution n'a pas fait, elle le hait; tout ce qu'elle hait, elle le détruit. Donnez-lui aujourd'hui le pouvoir absolu ; et, malgré ses protestations, elle sera demain ce qu'elle fut hier, ce qu'elle sera toujours : la guerre à outrance contre la Religion, la société, la famille. Qu'elle ne dise pas qu'on la calomnie : ses paroles sont là et ses actes aussi. Souvenez-vous de ce qu'elle fit en 91 et en 93, quand elle fut la maîtresse!

Dans cette lutte, l'un des deux partis tôt ou tard sera vaincu, et ce sera la Révolution. Elle paraîtra peut-être triompher pour un temps; elle pourra remporter des victoires partielles, d'abord parce que la société a commis, depuis quatre siècles, dans toute l'Europe, d'énormes attentats qui appellent le châtiment; puis parce que l'homme est toujours libre, et que la liberté, même quand il en abuse, constitue une grande puissance ; mais, après le Vendredi-Saint vient toujours le dimanche de Pâques, et c'est Dieu lui-même qui, de ses lèvres infaillibles, a dit au Chef visible de son Église : « Tu es Pierre, et sur cette pierre je bâtirai mon Église, et *les puissances de l'enfer ne prévaudront pas contre elle.* »

VII

Quelles sont les armes ordinaires de la Révolution.

Elle l'a dit elle-même et elle l'a prouvé maintes fois : « Pour combattre les princes et les bigots, *tous les moyens* « *sont bons;* tout est permis pour les anéantir : la vio-

« lence, la ruse, le feu et le fer, le poison et le poignard : « la fin sanctifie les moyens[1]. » Elle se fait tout à tous pour gagner tout le monde à sa cause. Afin de pervertir les chrétiens, afin de nous ravir le sens catholique, elle se sert de l'éducation, qu'elle fausse ; de l'enseignement, qu'elle empoisonne; de l'histoire, qu'elle falsifie; de la presse, dont elle fait l'usage que chacun sait ; de la loi, dont elle prend le manteau ; de la politique, qu'elle inspire ; de la Religion elle-même, dont elle prend parfois les dehors pour séduire les âmes. Elle se sert des sciences, qu'elle trouve moyen d'insurger contre le Dieu des sciences ; elle se sert des arts, qui deviennent, sous sa mortelle influence, la perte des mœurs publiques et la déification de la volupté.

Pourvu que Satan atteigne son but, peu lui importent les moyens. Il n'est pas si délicat qu'on pense, et ses amis ne le sont pas non plus.

On peut le dire cependant, le principal caractère des attaques de la Révolution contre l'Église, c'est l'audace dans le mensonge. C'est par le mensonge qu'elle ébranle le respect de la Papauté, qu'elle vilipende nos Évêques et nos prêtres, qu'elle bat en brèche les institutions catholiques les plus vénérables et qu'elle prépare la ruine de la société. Par le mensonge cynique et persévérant, la Révolution fascine et séduit les masses toujours peu instruites et peu habituées à suspecter la bonne foi de ceux qui leur parlent. Sur mille hommes qu'elle parvient à

[1] Lettre d'un révolutionnaire d'Allemagne à un franc-maçon.

séduire, neuf cent quatre-vingt-dix-neuf sont victimes de cette tactique odieuse. Malheur à elle! malheur aux séducteurs des peuples, qui mettent au service du mensonge l'énergie que Dieu leur a donnée pour servir la société! Fils de la Révolution, ils ne craignent pas d'appeler mal ce qui est bien, d'appeler bien ce qui est mal. Sur eux tombe le terrible anathème : *Væ qui dicitis malum bonum, et bonum malum! Væ genti insurgenti super genus meum!* « Malheur à la race qui s'attaque à mes enfants! »

Mais est-il bien vrai que la Révolution soit aussi perverse? est-il vrai qu'elle conspire ainsi contre Dieu et les hommes? Écoutez ses propres aveux, écoutez ses projets dignes de l'enfer!

VIII

Si la conspiration antichrétienne de la Révolution est une chimère.

La Révolution, préparée par le paganisme de la Renaissance, par le protestantisme et le voltairianisme, est née en France, avons-nous dit, à la fin du siècle dernier; les Sociétés secrètes, déjà puissantes à cette époque, présidèrent à sa naissance. Mirabeau et presque tous les hommes de 89, Danton et Robespierre, et les autres scélérats de 93, appartenaient à ces sociétés. Depuis quarante ans, le foyer révolutionnaire s'est déplacé; il s'est transporté en Italie, et c'est de là que la *Vente*, ou *Conseil suprême*, dirige, avec une prudence de serpent, le grand mouvement, la grande révolte dans l'Europe entière. On ne vise qu'à l'Europe parce que l'Europe est la tête du monde.

La Providence a permis que, dans ces dernières années, quelques documents authentiques de la conspiration révolutionnaire tombassent entre les mains de la police romaine. Ils ont été publiés, et nous en donnons ici quelques extraits. *Habemus confitentem reum.*

La Révolution va nous dire elle-même, par l'organe de ses chefs reconnus : 1° qu'elle a un plan d'attaque général et organisé; 2° que, pour régner, elle veut corrompre, et corrompre systématiquement; 3° que cette corruption, elle l'applique principalement à la jeunesse et au clergé; 4° que ses armes avouées sont la calomnie et le mensonge; 5° que la franc-maçonnerie est son noviciat préparatoire; 6° qu'elle cherche à s'affilier les princes eux-mêmes tout en voulant les détruire; 7° enfin, que le protestantisme est pour elle un précieux auxiliaire[1].

Le plan général. — Ce plan est universel; la Révolution veut miner, dans l'Europe entière, toute hiérarchie religieuse et politique. « Nous formons une association « de frères sur tous les points du globe; nous avons des « vœux et des intérêts communs; nous tendons tous à « l'affranchissement de l'humanité; nous voulons *briser*

[1] Ces citations sont littérales et authentiques. Elles ont été, à diverses reprises, publiées en Italie, en Belgique et en France, sans que la Révolution ait osé les démentir. Voyez-les *in extenso* dans l'intéressant ouvrage de M. Crétineau-Joly, *l'Église romaine en face de la Révolution*, 2 vol. in-8°.

« *toute espèce de joug*. L'association est secrète, même « pour nous, les vétérans des associations secrètes[1]. » « Le succès de notre œuvre dépend du plus profond mys- « tère, et, dans les Ventes, nous devons trouver l'initié, « comme le chrétien de l'*Imitation*, toujours prêt à ai- « mer à être inconnu et à n'être compté pour rien[2]. » « Afin de donner à notre plan toute l'extension qu'il doit « prendre, nous devons agir à petit bruit, à la sourdine, « gagner peu à peu du terrain et n'en perdre jamais[3]. »

Ce n'est pas une conspiration ordinaire, une révolution comme tant d'autres; c'est la Révolution, c'est-à-dire la désorganisation fondamentale, qui ne peut s'opérer que graduellement et après de longs et constants efforts. « Le travail que nous allons entreprendre n'est l'œuvre « ni d'un jour, ni d'un mois, ni d'un an : il peut durer « plusieurs années, un siècle peut-être; mais, dans nos « rangs, le soldat meurt et le combat continue[4]. » L'Italie, à cause de Rome; Rome, à cause de la Papauté, voilà le point de mire de la conspiration sacrilége. « Depuis « que nous sommes établis en corps d'action et que l'or- « dre commence à régner, au fond de la Vente la plus « reculée comme au sein de la plus rapprochée du centre, « il est une pensée qui a toujours profondément préoc- « cupé les hommes qui aspirent à la régénération uni-

[1] Lettre du correspondant de Londres.

[2] Lettre écrite de Rome, par un chef de la Haute-Vente au correspondant d'Allemagne, *Nubius* à *Volpe*. Ce sont des noms de guerre. L'un de ces chefs était attaché au cabinet du prince de Metternich.

[3] Lettre du correspondant d'Ancône à la Haute-Vente.

[4] Instruction secrète et générale de la Vente supr[illegible]ne.

« verselle : c'est l'*affranchissement de l'Italie*, d'où doit « sortir, à un jour déterminé, l'*affranchissement du « monde entier. Notre but final est celui de Voltaire et « de la Révolution française :* L'ANÉANTISSEMENT A TOUT « JAMAIS DU CATHOLICISME ET MÊME DE L'IDÉE CHRÉTIENNE, « qui, restée debout sur les ruines de Rome, en serait « la perpétuation plus tard [1]. » « C'est d'insuccès en in- « succès qu'on arrive à la victoire. Ayez donc l'œil tou- « jours ouvert sur ce qui se passe à Rome. *Dépopularisez « la prêtraille par toute espèce de moyens;* faites au « centre de la catholicité ce que nous tous, individuelle- « ment ou en corps, nous faisons sur les ailes. Agitez « sans motifs ou avec motifs, peu importe, mais agitez. « Dans ce mot sont renfermés tous les éléments de succès. « La conspiration la mieux ourdie est celle qui se remue « le plus et qui compromet le plus de monde. Ayez des « martyrs, ayez des victimes; nous trouverons toujours « des gens qui sauront donner à cela les couleurs néces- « saires [2]. » « *Ne conspirons que contre Rome*. Pour cela, « servons-nous de tous les incidents, mettons à profit « toutes les éventualités. Défions-nous principalement « des exagérations de zèle. *Une bonne haine bien froide, « bien calculée, bien profonde*, vaut mieux que tous les « les feux d'artifice et toutes les déclamations de tribune. « A Paris, ils ne veulent pas comprendre cela ; mais, à « Londres, j'ai vu des hommes qui saisissent mieux

[1] Instruction secrète.

[2] Instruction de la Vente suprême.

« notre plan et qui s'y associent avec plus de fruit [1]. » Voici maintenant le secret révolutionnaire des événements modernes : « L'unité politique de l'Italie est une « chimère; mais, chimère plus sûrement que réalité, cela « produit un certain effet sur les masses et sur la jeu- « nesse effervescente. Nous savons à quoi nous en tenir « sur ce principe : il est vide et il restera toujours vide; « néanmoins, *c'est un moyen d'agitation*. Nous ne de- « vons donc pas nous en priver. Agitez à petit bruit, in- « quiétez l'opinion, tenez le commerce en échec; sur- « tout ne paraissez jamais. C'est le plus efficace des « moyens pour mettre en suspicion le gouvernement pon- « tifical [2]. » « A Rome, les progrès de la cause sont sen- « sibles; il y a des indices qui ne trompent guère les « yeux exercés, et on sent de loin, de très-loin, le mou- « vement qui commence. Par bonheur, nous n'avons pas « la pétulance des Français. Nous voulons le laisser mû- « rir avant de l'exploiter; c'est le seul moyen d'agir à « coup sûr. Vous m'avez souvent parlé de nous venir en « aide lorsque le vide se ferait dans la bourse commune. « Vous savez par expérience que l'argent est partout, et « ici principalement, le nerf de la guerre. Mettez à notre « disposition des thalers et beaucoup de thalers. C'est *la « meilleure artillerie pour battre en brèche le siége de « Pierre* [3]. » « Des offres considérables m'ont été faites à « Londres : bientôt nous aurons à Malte une imprimerie

[1] Lettre d'un chef aux agents supérieurs de la Vente piémontaise.

[2] Lettre du correspondant d'Ancône.

[3] Nubius au correspondant d'Allemagne.

« à notre disposition. Nous pourrons donc, avec impu-« nité, à coup sûr, et sous pavillon britannique, répan-« dre d'un bout de l'Italie à l'autre les livres, bro-« chures, etc., que la Vente jugera à propos de mettre en « circulation. Nos imprimeries de Suisse sont en bon « chemin; elles produisent les livres *tels que nous le* « *désirons* [1]. »

Après vingt-cinq ou trente ans, la conspiration constate ses progrès. Elle compte sur la France pour agir, tout en réservant à l'Italie la haute direction; elle se méfie des autres peuples : les Français sont « trop vantards, » les Anglais « trop tristes, » les Allemands « trop nébuleux. » A ses yeux, l'Italien seul réunit les puissances de haine, de calcul, de fourberie, de discrétion, de patience, de sang-froid, de cruauté, nécessaires au triomphe. « Dans « l'espace de quelques années, nous avons considérable-« ment avancé les choses. La désorganisation sociale « règne partout; elle est au nord comme au midi. Tout « a subi le niveau sous lequel nous voulions abaisser « l'espèce humaine. Il a été très-facile de pervertir. En « Suisse comme en Autriche, en Prusse comme en Italie, « nos séides n'attendent qu'un signal pour briser le vieux « moule. La Suisse se propose de donner le signal; mais « ces radicaux helvétiques ne sont pas de taille à con-« duire les Sociétés secrètes à l'assaut de l'Europe. Il « faut que la France imprime son cachet à cette orgie « universelle. Soyez bien convaincu que Paris ne man-

[1] Lettre à la Vente piémontaise.

« quera pas à sa mission[1]. » « J'ai trouvé partout en « Europe les esprits très-enclins à l'exaltation; tout le « monde avoue que le vieux monde craque et que les « rois ont fait leur temps. La moisson que j'ai recueillie « a été abondante; la chute des trônes ne fait plus de « doute pour moi, qui viens d'étudier en France, en « Suisse, en Allemagne et jusqu'en Russie le travail de « nos Sociétés. L'assaut qui, d'ici à quelques années, « sera livré aux princes de la terre, les ensevelira sous « les débris de leurs armées impuissantes et de leurs « monarchies caduques; mais cette victoire n'est pas celle « qui a provoqué tous nos sacrifices. Ce que nous ambi- « tionnons, ce n'est pas une révolution dans une contrée « ou dans une autre; cela s'obtient toujours quand on le « veut bien. Pour tuer sûrement le vieux monde, nous « avons cru qu'*il fallait étouffer le germe catholique et* « *chrétien*[2]. » « Le rêve des Sociétés secrètes s'accomplira « par la plus simple des raisons : *C'est qu'il est basé sur* « *les passions de l'homme*. Ne nous décourageons donc « ni pour un échec, ni pour un revers, ni pour une « défaite; préparons nos armes dans le silence des Ventes; « dressons toutes nos batteries, flattons toutes les pas- « sions, *les plus mauvaises comme les plus généreuses*, « et tout nous porte à croire que le plan réussira un « jour au delà même de nos calculs les plus impro- « bables[3]. »

[1] Lettre du correspondant de Vienne à Nubius.
[2] Lettre du correspondant de Livourne à Nubius.
[3] Instruction de la Vente suprême.

Tel est le plan ; voyons à présent les moyens.

La corruption. — Écoutons ici des aveux plus effrayants encore :

« Nous sommes trop en progrès pour nous contenter « du meurtre. A quoi sert un homme tué? N'individua- « lisons pas le crime ; afin de le *grandir jusqu'aux pro-* « *portions du patriotisme et de la haine contre l'Église,* « nous devons le généraliser. Le Catholicisme n'a pas « plus peur d'un stylet bien acéré que les monarchies ; « mais ces deux bases de l'ordre social peuvent crouler « SOUS LA CORRUPTION : *Ne nous lassons donc jamais de* « *corrompre.* Il est décidé dans nos conseils que nous ne « voulons plus de chrétiens ; donc, *popularisons le vice* « *dans les multitudes. Qu'elles le respirent par les cinq* « *sens, qu'elles le boivent, qu'elles s'en saturent. Faites* « *des cœurs vicieux et vous n'aurez plus de catholiques*[1]. » Quel éloge pour l'Église ! « Épargnons les corps, mais « tuons l'esprit. C'est le moral qu'il nous importe d'at- « teindre ; c'est donc le cœur que nous devons blesser. « C'est par principe d'humanité politique que je crois « devoir proposer ce moyen[2]. » A l'occasion de la mort publiquement impénitente de deux de ses agents, exécutés à Rome, le chef de la Haute-Vente ajoute : « Leur « mort de réprouvés a produit un magique effet sur les « masses. C'est une première proclamation des Sociétés « secrètes, et une *prise de possession des âmes.* Mourir « sur la place du Peuple, à Rome, dans la cité-mère du

[1] Théorie de la Haute-Vente ; lettre de Vindice à Nubius.

[2] Le chef de la Haute-Vente à Vindice

« catholicisme, mourir franc-maçon et impénitent, *c'est* « *admirable!* — Infiltrez le venin *dans les cœurs choi-* « *sis*, écrit un autre de ces démons incarnés ; infiltrez-le « à petites doses et comme par hasard ; vous serez étonnés « vous-mêmes de votre succès. L'essentiel est *d'isoler* « *l'homme de sa famille*, de lui en faire perdre les mœurs. « Il est assez disposé, par la pente de son caractère, à « fuir les soins du ménage, à courir après de faciles « plaisirs et des joies défendues. Il aime les longues cau- « series du café, l'oisiveté des spectacles. *Entraînez-le*, « *soutirez-le;* donnez-lui une importance quelconque ; « apprenez-lui *discrètement* à s'ennuyer de ses travaux « journaliers. Par ce manége, après l'avoir séparé de sa « femme et de ses enfants, après lui avoir montré com- « bien sont pénibles tous les devoirs, vous lui incul- « querez le désir d'une autre existence. L'homme est né « rebelle ; *attisez ce désir de rébellion jusqu'à l'incendie;* « *mais que l'incendie n'éclate pas*. C'est une préparation « à la grande œuvre que vous devez commencer[1]. »

« Pour cette grande œuvre, » nous dit l'avocat logique de la cause révolutionnaire, « il faut une *conscience* « *large* que n'effarouchent point à l'occasion une alliance « adultère, la foi publique violée, les lois de l'humanité « foulées aux pieds[2]. »

La Haute-Vente résume elle-même cet infernal complot : « C'est *la corruption* EN GRAND *que nous avons entreprise*, « *la corruption du peuple par le clergé et du clergé par*

[1] Correspondance de la Vente piémontaise.

[2] Proudhon.

« *nous, la corruption qui doit nous conduire à mettre* « *un jour l'Église au tombeau.* Pour abattre le Catholi- « cisme, nous dit-on, il faudrait d'abord supprimer la « femme. Soit ; mais, ne pouvant supprimer la femme, « corrompons-la avec l'Église. *Corruptio optimi pessima.* « Le but est assez beau pour tenter des hommes tels que « nous. *Le meilleur poignard pour frapper l'Église au* « *cœur, c'est la corruption. A l'œuvre donc, jusqu'à* « *la fin !* »

La corruption de la jeunesse et du clergé. — Les « cœurs choisis » que la Révolution recherche de préférence, ce sont les jeunes gens et les prêtres ; elle ose même aspirer jusqu'à former un Pape.

« C'est à la jeunesse qu'il faut aller ; c'est elle qu'il « faut séduire, elle que nous devons entraîner, sans « qu'elle s'en doute, sous nos drapeaux. Que tout le « monde ignore votre dessein ! Laissez de côté la vieillesse « et l'âge mûr ; allez à la jeunesse, et, s'il est possible, « jusqu'à l'enfance. N'ayez jamais pour elle un mot d'im- « piété ou d'impureté ; gardez-vous-en bien dans l'intérêt « de la cause. Conservez toutes les apparences de l'homme « grave et moral. Une fois votre réputation établie dans « les colléges, dans les gymnases, dans les universités, « dans les séminaires, une fois que vous aurez capté la « confiance des professeurs et des étudiants, attachez- « vous principalement à ceux qui s'engagent dans la « milice cléricale. Excitez, échauffez ces natures si plei- « nes d'incandescence et de patriotique orgueil. Offrez-

« leur d'abord, mais toujours en secret, des livres inoffensifs ; puis, vous amenez peu à peu vos disciples « *au degré de cuisson voulu*. Quand, sur tous les points « à la fois, ce travail de tous les jours aura répandu nos « idées comme la lumière, vous pourrez apprécier la « sagesse de cette direction.

« Faites-vous une réputation de bon catholique et de « patriote pur. Cette réputation donnera facilement accès « à nos doctrines parmi le jeune clergé comme au fond « des couvents. Dans quelques années, ce jeune clergé « aura, par la force des choses, envahi toutes les fonctions; il gouvernera, il administrera, il jugera, il formera le conseil du Souverain : il sera appelé à choisir le « Pontife qui devra régner, et ce Pontife, comme la plupart de ses contemporains, sera nécessairement plus ou « moins imbu des principes *italiens et humanitaires* que « nous allons mettre en circulation. Pour atteindre ce but, « mettons au vent toutes nos voiles[1]. » — « Nous devons « faire *l'éducation immorale de l'Église*, et arriver, par « de petits moyens bien gradués, quoique assez mal « définis, au triomphe de l'idée révolutionnaire par un « Pape. Ce projet m'a toujours paru d'un calcul surhumain[2]. » Surhumain, en effet ; car il vient en droite ligne de Satan. Le personnage qui se cache sous le nom de Nubius décrit ensuite ce Pape révolutionnaire qu'il ose espérer : un Pape faible et crédule, sans pénétration, honnête et respecté, imbu des principes démocratiques.

[1] Instruction secrète.

[2] Nubius à Volpe.

« C'est à peu près dans ces conditions qu'il nous en faudrait un, si c'est encore possible. Avec cela nous marcherons plus sûrement *à l'assaut de l'Église*, qu'avec les pamphlets de nos frères de France et l'or même de l'Angleterre. Pour briser le rocher sur lequel DIEU a bâti son Église, nous aurions le petit doigt du successeur de Pierre engagé dans le complot, et ce petit doigt vaudrait pour cette croisade tous les Urbain II et tous les saint Bernard de la chrétienté[1]. »

« Vous voulez révolutionner l'Italie, » ajoutent enfin ces séides de l'enfer, « cherchez le Pape dont nous venons de faire le portrait. Que le clergé marche sous « votre étendard en croyant toujours marcher sous la « bannière des Clefs Apostoliques. Vous voulez faire disparaître le dernier vestige des tyrans et des oppresseurs, tendez vos filets, tendez-les *au fond des sacristies, des séminaires et des couvents;* et si vous ne « précipitez rien, nous vous promettons une pêche miraculeuse; vous pêcherez une révolution en tiare et en « chape, marchant avec la croix et la bannière; une « révolution qui n'aura besoin que d'être un tout petit « peu aiguillonnée pour mettre le feu aux quatre coins « du monde[1]. » Comme ils sentent eux-mêmes que tout repose sur le Pape!

Il est consolant de les voir constater avec dépit qu'ils n'ont pu entamer ni le Sacré-Collége, ni la Compagnie de JÉSUS. « Les Cardinaux ont tous échappé à nos filets.

[1] Instruction secrète.

[2] Instruction secrète de la Vente suprême.

« Les flatteries les mieux combinées n'ont servi à rien ; « pas **un** membre du Sacré-Collége n'a donné dans le « piége. »

« Nous avons aussi complétement échoué sur les Jé- « suites. Depuis que nous conspirons, il a été impossible « de mettre la main sur un *Ignacien*, et il faudrait savoir « pourquoi cette obstination si unanime ; pourquoi n'a- « vons-nous donc jamais, près d'un seul, pu saisir le « défaut de la cuirasse ? » On ajoute pieusement : « Nous « n'avons pas de Jésuites avec nous ; mais nous pouvons « toujours dire et faire dire qu'il y en a, et cela revien- « dra absolument au même[1]. »

Le mensonge et la calomnie. — Satan est le père du mensonge, *pater mendacii*. La première révolution a été faite par un mensonge : *eritis sicut dii*. Filles de celle-là, toutes les autres sont faites par le même procédé. Plus elles sont graves, plus elles mentent. Or aujourd'hui les mensonges, les hypocrisies, les sophismes, tissus contre l'Église avec un art infernal, circulent parmi nous, plus nombreux que les atomes dans l'air. D'où viennent-ils ? Écoutez la Révolution :

« Les prêtres sont confiants ; montrez-les soupçonneux « et perfides. La multitude a eu de tout temps une ex- « trême propension vers les contre-vérités ; TROMPEZ-LA. « Elle aime à être trompée[2]. » — « Il y a peu de choses « à faire avec les vieux Cardinaux et les prélats dont le

[1] Le correspondant de Livourne : Beppo à Nubius.

[2] Le correspondant d'Ancône à la Haute-Vente.

« caractère est décidé. Il faut puiser dans nos entrepôts « de popularité ou d'impopularité les armes qui rendront « leur pouvoir inutile ou ridicule. Un mot qu'*on invente* « *habilement* et qu'on a l'art de répandre dans certaines « honnêtes familles choisies, pour que de là il descende « dans les cafés et des cafés dans la rue, un mot peut « quelquefois tuer un homme. S'il vous arrive un de ces « prélats pour exercer quelque fonction publique, con- « naissez aussitôt son caractère, ses antécédents, ses qua- « lités, ses défauts surtout. Enveloppez-le de tous les « piéges que vous pourrez tendre sous ses pas; créez-lui « une de ces réputations qui effrayent les petits enfants et « les vieilles femmes; peignez-le cruel et sanguinaire; « racontez quelques traits de cruauté qui puissent facile- « ment se graver dans la mémoire du peuple. Quand les « journaux étrangers recueilleront par nous ces récits « qu'ils embelliront à leur tour, inévitablement par res- « pect pour la vérité, montrez, ou plutôt faites montrer « par quelque respectable imbécile » (avis aux colporteurs de scandale religieux!) « ces feuilles où sont relatés *les* « *noms et les excès arrangés* des personnages. Comme *la* « *France* et l'Angleterre, l'Italie ne manquera jamais de « ces plumes qui savent se tailler dans des mensonges « utiles à la bonne cause (avis aux journalistes!). Avec « un journal, le peuple n'a pas besoin d'autres preuves. « Il est dans l'enfance du libéralisme et il croit aux libé- « raux[1]. » Le vieux Voltaire est dépassé!

[1] Instruction secrète de la Haute-Vente.

La franc-maçonnerie. — On n'est trahi que par les siens. La franc-maçonnerie fait ce qu'elle peut pour nous faire croire qu'elle est la plus innocente, la plus plate des sociétés philanthropiques. Voici la Révolution qui lui délivre, imprudemment peut-être, son véritable brevet.

« Quand vous aurez insinué dans quelques âmes le « dégoût de la famille et de la religion, — l'un va presque « toujours à la suite de l'autre, — laissez tomber cer- « tains mots qui provoqueront le désir d'être affilié à la « Loge maçonnique la plus voisine. Cette vanité du citadin « ou du bourgeois de s'inféoder à la franc-maçonnerie a « quelque chose de si banal et de si universel, que je « suis toujours en admiration devant la stupidité humaine. « Se trouver membre d'une Loge, se sentir, en dehors de « sa femme et de ses enfants, appelé à garder un secret « qu'on ne vous confie jamais, est pour certaines natures « une volupté et une ambition. Les Loges sont *un lieu de « dépôt, une espèce de haras, un centre par lequel il « faut passer avant d'arriver à nous.* Leur fausse phi- « lanthropie est pastorale et gastronomique ; mais cela a « un but qu'il faut encourager sans cesse. En lui appre- « nant à porter arme avec son verre, on s'empare de la « volonté, de l'intelligence et de la liberté d'un homme. « On en dispose, on le tourne, on l'étudie ; on devine ses « penchants et ses tendances ; quand il est mûr pour nous, « on le dirige vers la société secrète, dont *la franc-ma- « çonnerie n'est que l'antichambre assez mal éclairée.*

« *C'est sur les Loges que nous comptons pour doubler « nos rangs ; elles forment à leur insu* NOTRE NOVICIAT

« PRÉPARATOIRE. Elles discourent sans fin sur les dangers « du fanatisme, sur le bonheur de l'égalité sociale, et sur « les grands principes de liberté religieuse. Elles ont, « entre deux festins, des anathèmes foudroyants contre « l'intolérance et la persécution. *C'est plus qu'il n'en « faut pour nous faire des adeptes.* Un homme imbu « de ces belles choses n'est pas éloigné de nous ; il ne « reste plus qu'à l'enrégimenter. La loi du progrès so- « cial est là, et toute là ; *ne prenez pas la peine de la « chercher ailleurs.* Mais ne levez jamais le masque ; « rôdez autour de la bergerie catholique ; et, en bon loup, « saisissez au passage le premier agneau qui s'offrira « dans les conditions voulues[1]. »

Les Loges se chargent elles-mêmes de confirmer cette appréciation, et de nous faire toucher du doigt la perversité de cette puissante institution soi-disant inoffensive : « Si la maçonnerie, disait tout récemment un des prin- « cipaux Vénérables, devait se confiner dans le cercle « étroit qu'on voudrait lui tracer, à quoi servirait *la « vaste organisation et l'immense développement* qui lui « sont donnés ?... L'heure du péril a sonné ; le danger « devient immense ; il faut agir... De toutes parts L'EN- « NEMI s'organise... L'hydre monacale » (ils entendent par là toute la hiérarchie catholique), « si souvent écrasée, « nous menace de nouveau de ses têtes hideuses. En vain, « *avec le dix-huitième siècle*, NOUS FLATTIONS-NOUS D'AVOIR « ÉCRASÉ L'INFAME, l'INFAME renaît plus vigoureuse, plus

[1] Correspondance de la Vente piémontaise.

« intolérante, plus rapace et affamée que jamais. Il faut « élever autel contre autel, enseignement contre ensei- « gnement ». Enfin les *chevaliers* maçons prêtent le serment « de reconnaître, comme les fléaux des malheureux « et du monde, *les rois et les fanatiques religieux*, et de « les avoir toujours en horreur ». Tout cela est extrait des discours officiels, prononcés dans ces dernières années, par les grands maîtres et autres Vénérables, dans des assemblées nombreuses « où les consciences se soulagèrent, et où l'on dit tout haut ce que chacun pensait tout bas. »

Comprend-on maintenant pourquoi le Saint-Siége a condamné la franc-maçonnerie, et pourquoi il est défendu de s'y affilier sous peine d'excommunication ?

L'exploitation des princes. — La Révolution cherche à s'affilier les princes, afin de miner plus efficacement, avec leur concours, la monarchie et l'Église. La Haute-Vente veut bien elle-même le leur apprendre et nous l'apprendre aussi.

« Le bourgeois a du bon, mais le prince encore da- « vantage. La Haute-Vente désire que, sous un prétexte « ou sous un autre, on introduise dans les Loges ma- « çonniques le plus de princes et de riches que l'on « pourra. Les princes de maison souveraine, et qui n'ont « pas l'espérance légitime d'être rois par la grâce de « DIEU, veulent tous l'être par la grâce d'une révolution. « Il n'en manque pas, en Italie et ailleurs, qui aspirent « aux honneurs assez modestes du tablier et de la truelle

« symboliques. D'autres sont déshérités ou proscrits. « Flattez tous ces ambitieux de popularité; accaparez-les « pour la franc-maçonnerie; la Haute-Vente verra plus « tard ce qu'elle pourra en faire pour la cause du progrès. « Un prince qui n'a pas de royaume à attendre est une « bonne fortune pour nous. Il y en a beaucoup dans ce « cas-là! Faites-en des francs-maçons; ils serviront de glu « aux imbéciles, aux intrigants, aux citadins et aux be« soigneux. Ces pauvres princes feront notre affaire en « croyant ne travailler qu'à la leur. C'est une magnifique « enseigne, et il y a toujours des sots assez disposés à se « compromettre au service d'une conspiration dont un « prince quelconque semble être l'arc-boutant[1]. »

Le protestantisme. — Encore un auxiliaire puissant, dont les chefs de la Révolution exaltent le fraternel concours. Qu'est-ce en effet que le protestantisme, sinon le principe pratique de la révolte contre l'autorité de l'Église de Jésus-Christ? Au nom d'un faux principe religieux, il bat en brèche, dans le monde entier, le seul vrai principe religieux, le seul vrai christianisme, la seule vraie Église; il développe l'orgueil, l'insoumission, le désordre et l'anarchie. En faut-il davantage à la Révolution, à la grande révolte universelle, pour aimer et favoriser la propagande protestante?

« Le meilleur moyen de déchristianiser l'Europe, « écrivait Eugène Sue, c'est de la protestantiser. »

[1] Lettre à la Vente piémontaise.

« Les sectes protestantes, ajoute Edgar Quinet, sont
« les mille portes ouvertes pour sortir du Christianisme.»
Après avoir exposé la nécessité d'en finir avec toute religion, il s'exprime ainsi :

« Pour arriver à ce but, voici les deux voies qui s'ou-
« vrent devant vous. Vous pouvez attaquer, en même
« temps que le catholicisme, toutes les religions de la
« terre, et spécialement les sectes chrétiennes; dans ce
« cas, vous avez contre vous l'univers entier. Au con-
« traire, vous pouvez vous armer de tout ce qui est op-
« posé au catholicisme, spécialement de toutes les sectes
« chrétiennes qui lui font la guerre; en y ajoutant la
« force d'impulsion de la révolution française, vous
« *mettrez le catholicisme dans le plus grand danger*
« *qu'il ait jamais couru.*

« Voilà pourquoi je m'adresse à toutes les croyances,
« à toutes les religions qui ont combattu Rome; *elles*
« *sont toutes, qu'elles le veuillent ou non, dans nos rangs*,
« puisqu'au fond leur existence est aussi inconciliable
« que la nôtre avec la domination de Rome.

« Ce n'est pas seulement Rousseau, Voltaire, Kant,
« qui sont avec nous contre l'*éternelle oppression;* c'est
« *aussi Luther*, *Zwingle*, *Calvin*, etc., toute la *légion*
« *des esprits* qui combattent avec leur temps, avec leurs
« peuples, *contre le même ennemi* qui nous ferme en
« ce moment la route.

« Qu'y a-t-il de plus logique au monde que de faire
« un seul faisceau des révolutions qui ont paru dans le
« monde depuis trois siècles, et de les réunir dans une

« même lutte, pour achever la victoire sur la religion du « moyen âge?

« Si le seizième siècle a arraché la moitié de l'Europe « aux chaînes de la Papauté, est-ce trop exiger du dix- « neuvième qu'il *achève* l'œuvre à moitié consommée? »

Détruire le christianisme, « *cette superstition caduque et malfaisante,* » tel est le but avoué de la ligue infernale où les protestants sont englobés, « *qu'ils le veuillent ou non,* » et par cela seul qu'ils sont protestants. Détruire le christianisme au moyen du protestantisme, voilà la tactique qu'adopte la Révolution avec pleine espérance de succès.

Qu'en dites-vous, lecteurs? La Révolution est-elle une grande et noble chose? mérite-t-elle nos sympathies? son œuvre peut-elle se concilier avec la foi du chrétien? est-ce la calomnier que de l'anathématiser comme détestable et satanique?

Tertullien disait jadis du christianisme : « Il ne craint qu'une chose, c'est de n'être pas connu. » La Révolution dit le contraire; elle ne craint que la lumière. La lumière lui enlève, je ne dis pas tout ce qu'il y a de religieux, mais d'honnête parmi les hommes.

IX

Comment la Révolution, pour se faire accepter, se couvre sous les noms les plus sacrés.

Si la Révolution se montrait telle qu'elle est, elle épouvanterait tous les honnêtes gens. Elle se cache sous des noms respectés, comme le loup sous la peau de la brebis.

Profitant du religieux respect que l'Église imprime depuis dix-huit siècles aux idées de liberté, de progrès, de loi, d'autorité, de civilisation, la Révolution se pare de tous ces noms vénérés et séduit ainsi une foule d'esprits sincères. A l'entendre, elle ne veut que le bonheur des peuples, la destruction des abus, l'abolition de la misère; elle promet à tous le bien-être, la prospérité, et je ne sais quel âge d'or inconnu jusqu'ici.

Ne la croyez pas. Son père, le vieux serpent du paradis terrestre, en disait autant à la pauvre Ève : « Ne crains rien, écoute-moi, et vous serez comme des dieux. » On sait quels dieux nous sommes devenus. Les peuples qui écoutent la Révolution sont bientôt punis par où ils pèchent; si les villes s'embellissent, si les chemins de fer se multiplient, si l'industrie prospère (ce qui n'est pas, répétons-le bien haut, le fait de la Révolution, mais le simple résultat d'un progrès naturel), la misère publique augmente partout, la joie s'en va, tout se matérialise, les impôts se décuplent, toutes les libertés disparaissent; au nom de la liberté, on revient peu à peu au brutal esclavage païen; au nom de la civilisation, on perd tous les fruits des conquêtes du christianisme sur la barbarie; au nom de la loi, une autorité sans frein et sans contrôle nous impose tous ses caprices, et voilà le progrès !

Comment, du reste, le bien pourrait-il sortir du mal? et comment le principe de la destruction pourrait-il rien édifier?

« Notre principe à nous, a dit un audacieux révolu-« tionnaire, c'est la négation de tout dogme ; notre don-« née, le néant. Nier, toujours nier, c'est là notre mé-« thode : elle nous a conduits à poser comme principe : « en religion, l'athéisme ; en politique, l'anarchie ; en « économie politique, la non-propriété[1]. »

Défions-nous donc de la Révolution, défions-nous de Satan, sous quelque nom qu'il se cache !

Pauvres brebis, quand donc écouterez-vous la voix du bon pasteur qui veut vous défendre de la dent du loup, et qui veut arracher à la bête scélérate la toison hypocrite à l'abri de laquelle elle pénètre jusqu'au milieu du bercail ?

X

La presse et la Révolution.

La presse n'est de sa nature ni bonne ni mauvaise. C'est une puissante invention qui peut également servir

[1] Proudhon.

au bien et au mal; tout dépend de l'usage qu'on en fait.

Il faut avouer cependant que, par suite du péché originel, la presse a beaucoup plus servi au mal qu'au bien et qu'on en abuse dans des proportions formidables.

Dans notre siècle, la presse est le grand levier de la Révolution. Pour ne parler que du journalisme, qui est la presse à son état le plus actif et le plus influent, personne ne peut nier que le plus grand danger du trône aussi bien que de l'autel, ce sont les journaux. Sans sortir de notre chère France, sur cinq cent quarante journaux, il n'y en a peut-être pas trente qui soient vraiment chrétiens. Pour quatre-vingts ou cent mille lecteurs de feuilles publiques respectant la foi, l'Église, le pouvoir, les principes, cinq ou six millions d'hommes avalent tous les jours le poison destructeur que leur présentent goutte à goutte les journaux impies.

Que l'on me pardonne cette comparaison : la presse est, entre les mains de la Révolution, un grand appareil à *seriner* les hommes. Quand on veut apprendre un air à des oiseaux, on leur répète cet air dix et vingt fois par jour, au moyen d'un instrument *ad hoc*. Les chefs du parti révolutionnaire, pour former, comme on dit, l'opinion publique, pour faire entrer dans les têtes leurs idées fatales, ont recours à la presse; chaque jour, ils tournent la manivelle; chaque jour, ils répètent dans leurs journaux l'air qu'ils veulent imposer au public, et bientôt les serins chantent. Et voilà l'*opinion publique*.

Quant à l'Église, qui ne veut pas apprendre l'air, on essaye d'un autre moyen. La Révolution cherche à l'endormir. Elle prétend, comme chacun sait, que l'Église catholique n'est plus à la hauteur du siècle. Avec une hypocrite bienveillance, elle feint de vouloir l'adapter aux idées modernes; au fond elle veut la tuer. Elle s'approche donc de l'Église, elle lui présente son appareil perfide, la presse; on dit de belles et douces paroles; on fait des déclarations pieuses; on tâche d'endormir les gardiens de la foi. L'Église se méfie; le Pape et les Évêques refusent de se laisser faire. Alors la Révolution lève le masque, transforme son appareil en machine de guerre et attaque de front cette ennemie qu'elle n'a pu ni endoctriner ni étouffer.

Et ce que je dis du journalisme pour la France, il faut le dire avec encore plus de raison peut-être pour l'Angleterre, pour la Belgique, pour la Prusse, pour l'Allemagne, pour la Suisse et surtout pour le Piémont et la pauvre Italie. Quatorze ou quinze cents journaux paraissent chaque jour en Europe; sur ce nombre, combien y en a-t-il qui soient sincèrement dévoués à l'Église?

On comprend du reste qu'il ne saurait en être autrement, quand on pénètre quelque peu dans les mystères de la rédaction des journaux. Sauf d'honorables et trop rares exceptions, les journalistes de profession exercent, aux dépens du public, un véritable *métier*. Ils n'ont ni convictions religieuses, ni convictions politiques; leur conscience est dans leur encrier, et ils vendent leur encre au plus offrant. Selon l'intérêt de leur bourse, trop souvent vidée par l'inconduite, ils plaident avec une *noble* ardeur le pour et le contre, en se moquant de leurs crédules lecteurs. Ils flattent l'esprit d'opposition afin de grossir le nombre des abonnés, et les journaux les plus malfaisants et les plus plats sont souvent ceux qui réussissent le mieux. Et voilà les éducateurs de la société ! voilà en quelles mains est tombée la conscience publique !

Sous l'impulsion des sociétés secrètes, le journalisme révolutionnaire fait feu de toutes ses plumes contre l'Église; il perdra la foi en Europe, si Dieu, dans sa miséricorde, ne se hâte de déjouer ce vaste et infernal complot.

XI

Les principes de 89.

Tout le monde parle aujourd'hui des « principes de 89, » et presque personne ne sait ce que c'est. Ce n'est pas étonnant; les paroles qui les ont formulés sont tellement élastiques, tellement peu définies que chacun y voit ce qu'il veut. Les honnêtes gens myopes n'y trouvent rien de précisément mauvais ; les démagogues y trouvent cependant leur compte. Il y a pour ces principes une étrange émulation de tendresse; ils sont inscrits sur vingt bannières rivales. Tout le monde les défend contre tout le monde; et d'après tout le monde, tout le monde ou les fausse, ou les compromet, ou les trahit. Tâchons ici, à la lumière infaillible de la foi catholique, non de les fausser, ni de les compromettre, ni de les trahir, mais de les bien comprendre, d'en sonder les profondeurs, et de découvrir, dans leurs replis secrets, le vieux serpent qui en est l'âme. Nous n'exagérerons rien, mais nous tâcherons de tout voir.

En voyant à l'œuvre ceux que l'on nomme avec orgueil les pères de la liberté, les fondateurs de la société moderne, nous verrons, selon l'expression de Bossuet, « si « ceux qu'on nous vante comme les réformateurs du « genre humain en ont diminué ou augmenté les maux, « et s'il faut les regarder comme des réformateurs qui le « corrigent ou plutôt comme des fléaux envoyés par Dieu « pour le punir. »

En 1789, pendant que l'Assemblée constituante détruisait, par le droit du plus fort, l'antique constitution de l'Église en France; supprimait, le 4 août les justes redevances qui la faisaient vivre; le 27 septembre, dépouillait nos églises de leurs vases sacrés; le 18 octobre, annulait les Ordres religieux; le 2 novembre, volait les propriétés ecclésiastiques, préparant ainsi l'acte hérétique et schismatique appelé Constitution civile du clergé, et promulgué l'année suivante, cette même Assemblée formulait en dix-sept articles ce que l'on appelle la *déclaration des droits de l'homme*, et ce qu'on aurait dû nommer la *suppression des droits de* Dieu. Ces articles renferment des principes sociaux, et ce sont ces principes qui sont devenus célèbres sous le nom de « principes de 89. »

Des catholiques, dans la louable intention de concilier à l'Église les sympathies des sociétés modernes, ont cherché à démontrer, non sans peine, que les principes de cette célèbre déclaration n'étaient opposés ni à la foi ni aux droits de l'Église. Cette thèse pourrait peut-être se soutenir, si, dans une pareille question essentiellement pratique, on pouvait s'en tenir à la rigueur grammaticale des mots, en faisant abstraction de l'esprit qui les anime, de l'esprit qui les a dictés, de l'esprit qui les applique et qui manifeste leur vrai sens. Malheureusement les principes de 89 ne sont pas une lettre morte; ils se sont traduits dans des faits, dans des lois, dans des attentats qui ne peuvent laisser aucun doute sur leur véritable caractère; la Révolution, la Révolution antichrétienne, les proclame ses principes à elle et leur rapporte la gloire de ses prétendus exploits; les révolutionnaires ne cessent de les invoquer contre l'Église.

Comment se fait-il donc que ces fameux principes ne révoltent pas tous les honnêtes gens? C'est que le vrai s'y trouve habilement confondu avec le faux, et que le faux passe ici, comme toujours, à l'abri du vrai.

Parmi les principes de 89, en effet, plusieurs sont de vieilles et bonnes vérités de droit français ou de droit public chrétien, que les abus du césarisme gallican avaient mises en oubli, et que la naïve ignorance de nos Constituants fit prendre pour des découvertes merveilleuses. Plusieurs autres sont des vérités de sens commun, qu'on n'oserait plus formuler sérieusement de nos jours; mais tous ces principes sont dominés par UN principe, qui donne à toute cette déclaration son véritable esprit : le principe révolutionnaire de *l'indépendance* ABSOLUE *de la société*, laquelle déclare rejeter désormais toute direction chrétienne, ne plus dépendre que d'elle-même, n'avoir plus pour loi que sa volonté, sans s'inquiéter de ce que Dieu enseigne et prescrit par son Église. La volonté du peuple souverain substituée à la volonté de Dieu souverain, la loi humaine foulant aux pieds la vérité révélée, le droit purement naturel faisant abstraction du droit catholique ; en un mot, de prétendus droits de l'homme se substituant aux droits éternels de Jésus-Christ : telle est au fond la déclaration de 1789.

Jusque-là l'Église était reconnue comme l'organe de Dieu vis-à-vis des sociétés, aussi bien que des individus ; et si, depuis quelques siècles, ce droit de haute direction morale était méconnu en pratique, jamais du moins on n'avait encore osé le nier formellement.

Ainsi les principes de 89, considérés un à un, sont bien loin d'être tous révolutionnaires ; mais leur ensemble, et surtout l'idée qui les domine, constituent une audacieuse révolte de l'homme contre Dieu, une scission sacrilége entre la société et Notre-Seigneur Jésus-Christ, Roi des peuples et Roi des rois. Nous ne blâmons dans les principes de 89 que cet élément de révolte antichrétienne ; loin de les répudier, nous revendiquons comme nôtres ces grandes maximes de vraie liberté, de vraie égalité et de fraternité universelle, que la Révolution altère et prétend avoir données au monde.

En conscience, un catholique ne peut pas admettre *tous* les principes de 89. Encore moins peut-il entrer dans l'esprit qui les a dictés et qui depuis leur apparition les interprète et les applique.

Mais ce sujet étant fort complexe, précisons davantage.

XII

Texte et discussion de ces principes au point de vue religieux.

Voici les dix-sept articles de cette déclaration révolutionnaire des droits de l'homme :

Après un préambule creux et vague, dans le style emphatique de Rousseau, les Constituants déclarent qu'ils émettent leurs principes « en présence et sous les auspices de *l'Être suprême.* » On sait ce qu'était l'Être suprême de ces voltairiens ; c'était la négation directe et personnelle du Dieu vivant, du seul Dieu véritable, du Dieu des chrétiens, Notre-Seigneur Jésus-Christ, vivant et régnant dans le monde par son Église et par le Pape, son Vicaire. Je garantis que ce n'est pas en présence de Notre-Seigneur, et bien moins encore sous ses auspices, que les Constituants ont élaboré leur fameuse Déclaration.

Je souligne les articles scabreux, les phrases à double sens, les piéges ; me réservant de les discuter le plus brièvement possible pour bien discerner, dans cette terre nouvelle, l'ivraie et le bon grain.

Article i. — *Les hommes naissent et demeurent libres et égaux en droits. Les distinctions sociales ne peuvent être fondées que sur l'utilité commune.*

Art. ii. — *Le but de toute association politique est la conservation des droits naturels et imprescriptibles de l'homme. Ces droits sont la liberté, la sûreté et la résistance à l'oppression.*

Art. III. — *Le principe de toute souveraineté réside essentiellement dans la nation; nul corps, nul individu, ne peut exercer d'autorité qui n'en émane expressément.*

Art. IV. — *La liberté consiste à pouvoir faire tout ce qui ne nuit pas à autrui.*

Art. V. — *La loi n'a le droit de défendre que les actions nuisibles à la société. Tout ce qui n'est pas défendu par la loi ne peut être empêché, et nul ne peut être contraint à faire ce qu'elle n'ordonne pas.*

Art. VI. — *La loi est l'expression de la volonté générale. Tous les citoyens ont droit de concourir personnellement ou par leurs représentants à sa formation. Elle doit être la même pour tous, soit qu'elle protége, soit qu'elle punisse. Tous les citoyens, étant égaux à ses yeux, sont également admissibles à toute dignité, places et emplois publics, selon leur capacité, et sans autre distinction que celle de leurs vertus et de leurs talents.*

Art. VII. — *Nul homme ne peut être accusé, arrêté ni détenu que dans les cas déterminés par la loi et selon les formes qu'elle a prescrites. Ceux qui sollicitent, expédient, exécutent ou font exécuter des ordres arbitraires, doivent être punis : mais tout citoyen appelé ou saisi en vertu de la loi doit obéir à l'instant ; il se rend coupable par la résistance.*

Art. VIII. — La loi ne doit établir que des peines strictement et évidemment nécessaires, et nul ne peut êre puni qu'en vertu d'une loi établie et promulguée antérieurement au délit et légalement appliquée.

ART. IX. — Tout homme étant présumé innocent jusqu'à ce qu'il ait été déclaré coupable, s'il est jugé indispensable de l'arrêter, toute rigueur qui ne serait pas nécessaire pour s'assurer de sa personne doit être sévèrement réprimée par la loi.

ART. X. — *Nul ne doit être inquiété pour ses opinions, même religieuses, pourvu que leur manifestation ne trouble pas l'ordre public établi par la loi.*

ART. XI. — *La libre communication des pensées et des opinions est un des droits les plus précieux de l'homme; tout citoyen peut donc parler, écrire, imprimer librement, sauf à répondre de l'abus de cette liberté dans les cas déterminés par la loi.*

ART. XII. — *La garantie des droits de l'homme et au citoyen nécessite une force publique; cette force est donc instituée pour l'avantage de tous, et non pour l'utilité particulière de ceux auxquels elle est confiée.*

ART. XIII. — *Pour l'entretien de la force publique et pour les dépenses d'administration, une contribution commune est indispensable; elle doit être également répartie entre tous les citoyens, en raison de leurs facultés.*

ART. XIV. — *Tous les citoyens ont le droit de constater par eux-mêmes ou par leurs représentants la nécessité de la contribution publique, de la consentir librement, d'en suivre l'emploi, d'en déterminer la qualité, l'assiette, le recouvrement et la durée.*

Art. xv. — *La société a le droit de demander compte à tout agent public de son administration.*

Art. xvi. — *Toute société dans laquelle la garantie des droits n'est pas assurée, ni la séparation des pouvoirs déterminée, n'a point de constitution.*

Art. xvii. — *La propriété étant un droit inviolable et sacré, nul ne peut en être privé, si ce n'est lorsque la nécessité publique l'exige évidemment, et sous la condition d'une juste et préalable indemnité.*

« Mais, me direz-vous, vous avez tout souligné, ou presque tout? » Sans doute; et ce n'est que justice. Indifférents en apparence à la Religion et à l'Église, tous ces articles couvrent une vaste conspiration destinée à bouleverser tout l'ordre chrétien. C'est la conspiration du silence, qui étouffe sans frapper, et qui, s'il est permis de s'exprimer ainsi, *escamote* le christianisme.

Ces principes hypocrites se résument en cinq ou six idées principales, qui sont la base de ce qu'on appelle le monde moderne, et que nous allons analyser brièvement.

Séparation totale de l'Église et de l'État; souveraineté du peuple; absolutisme de la loi humaine; liberté; égalité. Tel est le résumé de ces principes, qui méritent chacun une discussion très-attentive. On va bientôt juger de l'importance pratique de ces graves questions.

XIII

Séparation de l'Église et de l'État.

Ceux qui la réclament de bonne foi confondent deux idées : *distinction* et *séparation*. L'Église est *distincte* de l'État, et l'État, *distinct* de l'Église; tous deux doivent s'UNIR *sans se confondre*. Il est tout aussi absurde de vouloir *séparer* la société religieuse de la société civile, que de vouloir *séparer* l'âme du corps. L'Église est une société qui vient de DIEU, comme l'État est aussi une société voulue de DIEU; ces deux sociétés doivent s'accorder, pour accomplir la volonté divine, qui est le bonheur temporel et éternel des hommes. Leur prospérité et leur force dépendent de cette union, comme la vie et la force de l'homme dépendent de l'union de son âme et de son corps. Toujours la distinction, mais dans l'union ; jamais la séparation, non plus que la confusion.

Nous sommes tous membres à la fois de trois sociétés distinctes, et nous appartenons tout entiers à chacune d'elles; tel est l'ordre de la divine Providence. Ces trois sociétés sont : la famille, l'État, l'Église. J'appartiens tout entier à ma famille; je suis en même temps tout entier citoyen de ma patrie; et en même temps encore, je suis tout entier chrétien, membre de l'Église. J'ai des devoirs comme fils, des devoirs comme citoyen, des devoirs comme catholique; ces devoirs sont *distincts*, mais *unis* entre eux et *subordonnés* les uns aux autres.

Ils ne peuvent jamais se détruire les uns les autres, car ils viennent tous de Dieu; ils sont tous pour moi l'expression certaine de la volonté de Dieu; de Dieu qui m'ordonne également d'obéir à mon père dans l'ordre de la famille, d'obéir à mon Souverain dans l'ordre civil et temporel, d'obéir au Pape et aux Pasteurs de l'Église dans la société religieuse et surnaturelle.

Qu'est-ce qu'une *société?* C'est une réunion d'individus unis ensemble par le lien d'une obéissance commune. C'est ce lien, cette obéissance à l'autorité légitime, qui constitue la société, qui lui donne son unité, malgré la multiplicité de ses membres. La *famille*, ou la société domestique, est *la réunion* des individus liés ensemble par la soumission au pouvoir paternel. L'*État*, ou la société civile, est la réunion des individus et des familles, unis ensemble par la dépendance du même pouvoir public. L'Église, ou la société religieuse, est la réunion des individus, des familles et des États, soumis au même pouvoir religieux du Christ et de son Vicaire.

Ces trois sociétés existent de *droit divin*, c'est-à-dire par la volonté formelle de Dieu; c'est Dieu qui a constitué la famille pour le bien et le bonheur des membres qui la composent; c'est Dieu qui est l'auteur des sociétés civiles, dont le but est la prospérité, le bien et le bonheur des individus et des familles, par le concours mutuel des forces; c'est Dieu qui a fondé l'Église et qui lui a donné sa sainte mission, pour apprendre aux individus, aux familles et aux sociétés, ce qui est bien et ce qui est mal, ce qu'il faut faire et ce qu'il faut éviter pour connaître, aimer et servir Dieu sur la terre, et, par ce moyen, arriver au salut éternel, but suprême de toute existence humaine. L'Église est ainsi instituée pour procurer le bien et le bonheur des individus, des familles et des États, c'est-à-dire du monde entier.

La famille dépend de l'État en ce sens que le bien particulier doit *toujours* être subordonné au bien public; l'État dépend de l'Église, en ce sens que le bien temporel, soit public, soit particulier, doit toujours être subordonné au bien spirituel, qui est le salut éternel des âmes. Le père de famille ne doit donc rien commander qui soit contraire aux lois de l'État; et s'il manque à cette règle, ses enfants ne peuvent en conscience lui obéir. Pour la même raison, le pouvoir civil ne peut rien commander qui soit contraire aux enseignements ni aux lois de l'Église. Ces actes du pouvoir paternel ou civil seraient illégitimes et dès lors nuls de plein droit; ils violeraient l'ordre établi de Dieu, et pour obéir à Dieu en ce conflit d'autorité, il faut toujours obéir à l'autorité supérieure. C'est la règle pratique et sûre que nous donne l'Apôtre saint Paul : *Omnis anima potestatibus sublimioribus subdita sit* (Rom. xiii), que toute âme s'assujettisse aux pouvoirs plus élevés.

L'élévation des différents pouvoirs dérivant de leur but final, et le salut éternel étant évidemment un but supérieur à la prospérité temporelle, il est clair comme le jour que l'Église est une puissance plus élevée que l'État, et que l'État par conséquent est strictement obligé, de *droit divin*, à s'assujettir à la puissance de l'Église.

Or ce qui est de droit divin est immuable, et nulle puissance ne peut le détruire.

Mais il faut aller plus loin : de même qu'il ne suffit pas, pour aller au ciel, de n'être pas méchant ; de même, pour remplir leur devoir et pour se sauver, les chefs des familles et les chefs des États temporels doivent, non-seulement ne pas contrarier l'action sanctifiante de l'Église, mais encore la seconder par tous lés moyens possibles.

Un père de famille n'est pas chrétien, s'il ne s'efforce, par l'exemple, par le conseil, et au besoin par la menace et le châtiment, d'empêcher dans le sein de sa famille tous les scandales, et de faire accomplir à tous leur devoir, aussi parfaitement qu'il le peut. Le bon Dieu et l'Église ne lui demandent pas l'impossible ; mais ils lui demandent de faire tout ce qui dépend de lui pour que sa femme, ses enfants, ses serviteurs, en un mot, tous les membres de la famille, observent fidèlement la loi de Dieu.

Il en est de même des princes chrétiens : pour faire la volonté de Dieu et remplir leur devoir de Souverains, ils ne doivent pas se contenter de procurer le bonheur matériel de leurs sujets : ce serait du matérialisme; ils ne doivent pas se contenter de ne pas gêner l'action de l'Église : ce serait de l'indifférence pour le bien, indifférence coupable qui n'est permise à personne ; ils doivent prêter à l'Église le concours le plus efficace possible ; ils doivent, sous sa direction et en fidèles serviteurs, empêcher le plus possible tous les scandales qui pourraient altérer la foi ou la moralité de leurs peuples; ils doivent assister l'Église de leur parole, de leur influence, de leur argent et, au besoin, de leur glaive et de leurs armées.

Ainsi, tout est dans l'ordre; et Notre-Seigneur Jésus-Christ, que Dieu a constitué le souverain Maître, non-seulement du ciel mais de la terre, règne pleinement par sa sainte Église, sur tous les hommes, sur tous les États, sur toutes les familles. Telle est la doctrine catholique; tel est l'enseignement officiel et traditionnel de l'Église, résumé dans ces derniers temps par l'Encyclique du 8 décembre 1864. La doctrine opposée, condamnée sous le nom de naturalisme par le Siége-Apostolique, est l'âme de la Révolution et des principes de 1789.

« Mais, dira-t-on, c'est l'absorption de l'État par l'Église! » — Pas plus que ce n'est l'absorption de la famille par l'État. C'est l'ordre, résultant de l'union, et laissant subsister la distinction malgré la subordination.

L'Église, je le demande, absorbe-t-elle la famille, lorsqu'elle guide le père pour lui faire connaître et pratiquer tous ses devoirs de chef de famille?... Il en est de même pour l'État. L'Église, en dirigeant le pouvoir civil et politique pour lui faire accomplir les volontés de Notre-Seigneur Jésus-Christ et sauvegarder ainsi le salut éternel des âmes, n'empiète en aucune sorte sur les droits de l'État; elle fait son devoir, comme l'État fait le sien en prescrivant aux citoyens et aux familles ce qui est utile au bien et au bonheur de tous.

Saint Thomas fait admirablement comprendre cet ordre et ces rapports par une comparaison aussi juste qu'ingénieuse. Chaque État, dit-il, ressemble à un des navires qui composent une escadre, et qui tous, sous la conduite du vaisseau amiral, voguent de concert pour arriver au même port. Chaque navire a son capitaine, son pilote; tout maître qu'il est sur son navire, chaque pilote n'est cependant pas indépendant. Afin de rester dans l'ordre, il doit *toujours* manœuvrer d'après les signaux de l'amiral, de manière à diriger son bâtiment vers le terme final de la navigation.

Le vaisseau amiral est l'Église, guidée par le Souverain-Pontife, Vicaire du Christ, et chargé par lui d'enseigner et de diriger dans la voie du salut toutes les nations, *docete omnes gentes.* Les Souverains temporels sont les pilotes, les capitaines de chacun des vaisseaux de l'escadre catholique. Ils sont *obligés en conscience* de faciliter le salut éternel de leurs peuples respectifs, en aidant l'Église à sauver les âmes et en écartant les obstacles qui pourraient entraver sa mission spirituelle. C'est le Pape, et le Pape seul qui, en sa qualité de Chef de l'Église, leur fait connaître ce qu'ils doivent faire à cet égard.

Par sa direction religieuse, l'Église n'absorbe donc ni l'État ni la famille; elle affermit au contraire, en la sanctifiant et en l'empêchant de se séparer de Dieu, l'autorité du Souverain temporel aussi bien que l'autorité du père de famille.

Dépendant sous un rapport, le pouvoir civil, remarquons-le soigneusement, conserve sous tous les autres rapports une complète indépendance. Une fois sauvegardé le principe supérieur de l'obéissance à la loi divine et à toutes les autres lois religieuses promulguées par l'Église, le pouvoir civil peut, en toute liberté, porter toutes sortes de lois, adopter toute règle de politique, prendre toute forme de gouvernement, selon qu'il le croit plus avantageux au bien général de la nation ; il est seul maître chez lui.

Il faut en dire autant du père de famille, par rapport à l'État. Qu'il fasse tout ce qu'il veut ; qu'il élève et dirige ses enfants à sa guise ; l'État, non plus que l'Église, n'ont rien à y voir, du moment que les lois de la Religion et celles du pays sont par lui respectées. Il n'y a d'ordre qu'à ce prix, soit dans la famille, soit dans l'État, soit dans l'Église.

« Mais l'État est-il donc un enfant, et a-t-il besoin de la direction de l'Église pour connaître la loi de Dieu ? N'a-t-il pas sa raison et sa conscience ? » — L'État a certainement sa raison et sa conscience ; mais elles ne lui suffisent pas plus qu'au père de famille, pour connaître et pratiquer la loi de Dieu dans toute son étendue. Cette loi n'est pas en effet une loi purement naturelle ; elle est en outre et surtout révélée et positive ; et, pour la connaître, il faut la foi ; pour la pratiquer, il faut la grâce. Or, l'Église seule est de droit divin chargée de donner au monde l'une et l'autre. A elle seule il a été dit : « Recevez le Saint-Esprit ; allez donc, enseignez toutes les nations : celui qui vous écoute, m'écoute ; celui qui vous méprise, me méprise. Et voici que moi-même je suis avec vous jusqu'à la consommation des siècles. »

Cette parole s'applique aux sociétés humaines aussi directement qu'à chaque homme en particulier. Qu'est-ce, en effet, que la société civile, sinon l'extension numérique de la famille et de l'individu? L'État n'est rien, n'est qu'une abstraction en dehors des individus dont il est formé ; et, pour cette raison, le devoir religieux des individus et des familles est, à un degré supérieur, le devoir de l'État lui-même. L'État *doit* donc être non-seulement religieux en général, mais chrétien, mais catholique ; il doit recevoir des Pasteurs de l'Église l'enseignement de la loi divine, pour le bien public comme pour le bien particulier ; il doit être *enseigné*.

La raison et la conscience naturelles ne suffisent donc ni au Souverain temporel, ni au père de famille pour connaître la volonté de Dieu ; et, par rapport à l'Église, l'humanité reste toujours dans l'enfance. Voilà pourquoi les siècles chrétiens ont toujours dit : « Notre sainte Mère l'Église ; » voilà aussi pourquoi les Souverains eux-mêmes appellent le Chef de l'Église : « notre Saint Père le Pape. »

« Mais l'État est un pouvoir laïque. » — Soit ; mais laïque veut-il dire sans religion? L'État doit être chrétien et par conséquent un pouvoir laïque chrétien. Le pouvoir civil a pour objet le bien et le bonheur des peuples ; mais ce bien et ce bonheur, il ne peut ni les connaître pleinement, ni surtout les procurer sans la sainte Église, comme nous venons de le dire. En procurant la prospérité de ses peuples, l'État ou le pouvoir civil doit s'unir inséparablement à l'Église, coopérer fidèlement à l'œuvre suprême de l'Église, qui est l'établissement et le développement du règne de Jésus-Christ sur la terre et le salut éternel de tous les sujets de chaque État. C'est précisément parce que l'État est laïque qu'il doit s'assujettir fidèlement à la direction religieuse des Pasteurs de l'Église, seuls chargés par Dieu de diriger les consciences.

« Mais le pouvoir de l'Église n'est-il pas purement spirituel ? » — Sans doute ; aussi la direction que l'État doit recevoir de l'Église est-elle une direction purement spirituelle, c'est-à-dire, au seul point de vue de la conscience. L'Église ne dirige les Souverains et les peuples, non plus que les familles, que pour leur faire pratiquer à tous la loi divine, la religion chrétienne, la justice, l'ordre moral tout entier. Elle ne commande et ne condamne qu'à ce point de vue, qui est tout spirituel, tout religieux. Mais à ce point de vue, elle a le droit et le devoir de s'occuper directement de *tout* sur la terre : éducation, enseignement, philosophie, sciences, littérature, poésie, peinture, sculpture, musique, usages, institutions publiques et privées, lois, politique, etc., etc.

« Tout est donc spirituel ? » — Non ; le spirituel sur la terre, c'est tout ce qui intéresse le salut éternel des âmes. Telle est la vraie notion du spirituel, altérée dans une foule d'esprits. Toutes les fois que nous sommes entravés dans l'œuvre du salut, nous sommes lésés dans notre intérêt spirituel et éternel. Le pouvoir temporel ne doit jamais, ni directement, ni indirectement, sous aucun prétexte d'intérêt politique, léser notre bien spirituel; il ne doit jamais entraver l'exercice du ministère de l'Église, chargée de sauvegarder cet intérêt suprême. Or, en agissant dans l'ordre *simplement* temporel e même dans l'ordre purement matériel, il peut entraver la Religion dans ses plus saintes pratiques, et, par conséquent, dans son action toute spirituelle et surnaturelle. Exemple : si le pouvoir civil détournait les églises de leur destination sous prétext que ce sont des bâtiments matériels; s'il défendait aux prêtres l'usage des choses temporelles qui leur sont nécessaires pour le culte divin et pour l'administration des sacrements : l'eau, l'huile, le pain et le vin, etc.; si, sous prétexte du service de l'État, il enlevait aux fidèles les prêtres qui dépendent néanmoins de lui comme citoyens; s'il violait la clôture des monastères, qui sont cependant, sous un rapport, des maisons comme les autres; s'il entravait les rapports nécessaires des Évêques, des prêtres et des fidèles avec le Chef de la Religion, avec le Pape, bien que, au point de vue temporel, le Pape ne soit qu'un Souverain tranger; s'il promulguait des lois civiles, des règlements politiques, en contradiction avec les droits de l'Église; s'il contractait des alliances contraires au bien religieux de ses sujets; s'il entreprenait une guerre injuste; s'il faisait entrer dans l'éducation publique, à laquelle il a cependant un intérêt immédiat, des éléments antichrétiens, soit comme doctrine, soit comme conduite; s'il permettait à la presse d'attaquer la foi, ou les mœurs, ou l'Église, bien que la presse soit en définitive une industrie toute matérielle, etc. : n'est-il pas évident que, sans paraître sortir du temporel, l'État toucherait par là directement à l'essence même du spirituel?

Appliquez le même principe au père de famille dans ses rapports avec sa femme, ses enfants, ses serviteurs; au sujet du maigre, par exemple, qui paraît cependant ne regarder que la cuisine; au sujet du repos du dimanche; en un mot, à propos de tout ce qui peut léser le bien spirituel de la famille.

Tout ce qui n'intéresse pas le spirituel, l'observation de la loi divine et la sanctification des hommes, est du domaine exclusif de l'État et de la famille. Cette distinction du spirituel et du temporel est d'une grande importance.

« Mais dans les questions douteuses, lequel des deux décidera? Sera-ce l'État, sera-ce l'Église? » — Il est évident que ce doit être le pouvoir de l'ordre le plus élevé. La mission divine de l'Église serait illusoire, si elle n'était infailliblement assistée de Dieu pour connaître avec certitude ce qui est de son ressort. Dans un conflit purement temporel entre l'autorité de l'État et l'autorité du père de famille, la première ne doit-elle pas prévaloir? ne prévaut-elle pas toujours? n'est-elle pas intrinsèquement d'un ordre supérieur?... Sans aucun doute, le pouvoir inférieur doit toujour se soumettre; et c'est l'État qui, dans les choses civiles, règle seul et souverainement sa compétence. Et cependant il n'est pas infaillible *en droit*. Adaptez ce même raisonnement si simple aux rapports de l'Église et de l'État; et à l'aide de tout ce que nous avons déjà dit, il sera facile de conclure; surtout si l'on considère que l'Église, dans *tout* ce qu'elle enseigne, est infaillible et *de fait*, et *de droit*.

« Mais savez-vous que vous donnez à l'Église une puissance immense? » — Ce n'est pas moi qui la lui donne. C'est le bon Dieu, maître de ses dons et suprême Seigneur de l'humanité. Il a organisé le monde en cette triple société que nous venons de dire; il a tout réglé de la sorte pour notre plus grand bien, et, peuples et individus, princes et sujets, prêtres et laïques, nous n'avons tous qu'à nous soumettre à l'ordre de sa Providence.

Les hommes qui veulent de bonne foi séparer l'Église de l'État et l'État de l'Église ne savent pas qu'ils violent directement l'ordre établi de Dieu et l'enseignement formel de l'Église sur cette grave matière : « *Cette union*, « dit le Pape Grégoire XVI, *a toujours été salutaire* aux « intérêts de la société religieuse et de la société ci- « vile[1]. »

Ils ignorent en outre qu'ils abondent dans les vues perverses des révolutionnaires. Isoler l'Église; la refouler peu à peu hors de la société; affaiblir son action sur le monde; la ramener à l'état de puissance invisible, comme

[1] Encyclique *Mirari*.

aux jours des Catacombes; constituer le pouvoir temporel, maître absolu de la terre par la propriété, de l'intelligence par la doctrine, et de la volonté par la loi; anéantir ainsi le grand fait social du christianisme, la division hiérarchique des pouvoirs : pour qui sait lire, telle est l'idée dominante que la Révolution cherche à réaliser de plus en plus depuis soixante ans. C'est, en d'autres termes, la substitution du règne absolu de l'homme au règne de Dieu et de son Christ.

Donc l'Église ne doit pas et ne peut pas être *séparée* de l'État, non plus que l'État de l'Église; et l'État révolutionnaire, tel que l'entendait l'Assemblée de 89, et tel que l'entendent depuis lors tous les révolutionnaires, est une création anormale, antichrétienne, formellement opposée à la volonté de Dieu, et qui peut nous jeter tous hors de la voie du salut.

L'Église est, de droit divin, l'âme du monde, sa lumière et son principe de vie morale.

XIV

La souveraineté du peuple ou la démocratie.

Si fort exploité depuis un siècle par les ennemis de l'Église, le principe de la souveraineté du peuple peut s'entendre néanmoins dans un sens catholique et très-véritable.

Notons-le tout d'abord, le *peuple* n'est pas ce ramassis d'individus brutaux et malfaisants qui fait les révolutions, qui, du haut des barricades, renverse les gouvernements, et dont les chefs d'émeute exploitent les grossières passions. Le peuple, c'est la nation entière, comprenant toutes les classes de citoyens, le paysan et l'ouvrier, le commerçant et l'industriel, le grand propriétaire et le riche seigneur, le militaire, le magistrat, le prêtre, l'Évêque; c'est la nation avec toutes ses forces vives, constituée en une représentation sérieuse, et capable par ses vrais représentants d'exprimer ses vœux, d'exercer librement ses droits.

Cette notion antirévolutionnaire du *peuple* une fois donnée, nous constatons que la doctrine catholique a toujours enseigné, quoique dans un sens tout autre, ce que les Constituants de 89 ont pris pour une découverte merveilleuse. L'Église, par l'organe de saint Thomas et de ses plus grands Docteurs, enseigne que Notre-Seigneur Jésus-Christ, Père des peuples et Roi des rois, dépose dans la nation tout entière le principe de la souveraineté; que le Souverain (héréditaire ou électif, peu importe), à qui la nation confie la charge du gouvernement, ne reçoit de Dieu sa puissance que par l'intermédiaire de cette même nation; enfin, que le Souverain, recevant le pouvoir pour le bien public et non pour lui-même, s'il vient à manquer *gravement* et *évidemment* à son devoir, peut être légitimement déposé par ceux-là mêmes qui l'avaient investi de la souveraineté. Je m'empresse d'ajouter, pour prévenir toute interprétation révolutionnaire, que l'Église, étant seule juge impartial de ces grands cas de conscience, peut seule, par une décision solennelle, légitimer un fait aussi grave après avoir constaté la grièveté du crime[1].

C'est en cela que le pouvoir civil diffère du pouvoir paternel et du pouvoir ecclésiastique, qui sont tous deux inamissibles, parce qu'ils ont été l'un et l'autre institués divinement avec leur forme déterminée, et sans aucune délégation de leurs inférieurs; le pouvoir civil, au contraire, n'a reçu de Dieu aucune forme déterminée, et peut conséquemment passer d'une forme de gouvernement à une autre forme de gouvernement, de la monarchie héréditaire, par exemple, à la monarchie élective, de la monarchie à l'aristocratie, ou à la démocratie, et réciproquement. Ces changements, quand ils s'opèrent *régulièrement* et *légitimement*, ne touchent en rien au principe de la monarchie, de la souveraineté.

« Mais quand seront-ils réguliers? quand seront-ils légitimes? » — Grande difficulté pratique, que ne peut résoudre ni le Souverain, ni le peuple, parce qu'étant tous deux parties intéressées dans le débat, ils ne sauraient être juges dans leur propre cause. L'Église, représentée par le Saint-Siége, est le seul tribunal compétent qui puisse décider cette grande question; seul, ce tribunal est investi d'une puissance supérieure à la puissance

[1] Ces cas sont *très-rares*. C'est, par exemple, le cas où, par le fait du prince, le peuple serait exposé à perdre la vraie foi; le cas où les fureurs de sa tyrannie bouleverseraient tout l'ordre public et menaceraient la nation d'une ruine prochaine; et autres énormités de ce genre. Voir le développement de cette doctrine dans le magnifique opuscule de saint Thomas, *de Regimine principum*.

temporelle; seul, il est indépendant et désintéressé; plus que tout autre, à cause de son caractère religieux, il offre les garanties de moralité, de justice, de sagesse, de science, nécessaires pour une si auguste et si délicate fonction. Tel est, d'ailleurs, l'ordre divinement établi, non dans l'intérêt personnel du Pape ni de l'Église, mais bien dans l'intérêt général des sociétés, des Souverains et des nations. Le jugement de ces hautes questions de justice sociale tombe, comme les cas de conscience particuliers, sous la parole immuable du Christ disant au Chef de son Église : « Tout ce que tu lieras sur la terre sera lié dans les cieux, et tout ce que tu délieras sur la terre sera délié dans les cieux. » Telle est la théorie catholique et véritable sur la souveraineté du peuple et sur les changements de gouvernement.

Il y a un abîme, qu'on le sache bien, entre cette doctrine et la souveraineté du peuple, telle que l'entend la Révolution, et telle que les Constituants de 89 l'ont entendue. Suivant ces derniers, le peuple tire la souveraineté de lui-même et ne la reçoit pas de Dieu; il ne veut pas de Dieu et prétend se passer de lui. En outre, et comme conséquence de cette première erreur, il rejette l'Église, et se prive ainsi du seul pouvoir modérateur que Dieu a institué pour le protéger contre le despotisme et l'anarchie. Depuis que les rois et les peuples ont rejeté la direction maternelle de l'Église, nous les voyons en effet obligés de décider leurs cas de conscience à coups de canon, par le droit sanglant du plus fort, et les sociétés politiques, malgré leurs prétentions au progrès, marchent rapidement vers la décadence païenne. Au lieu de l'ordre, fruit de l'obéissance, il n'y a plus dans le monde que le despotisme ou l'anarchie, fruits de la révolte; la notion de la véritable souveraineté n'existe pour ainsi dire plus sur la terre.

« Tout cela peut être très-vrai en théorie, mais la pratique? » — Ce n'est pas la faute de la théorie, si elle est difficile à pratiquer; c'est la faute de la faiblesse et de la corruption humaines. Il en est de ce principe comme de tous les principes de conduite; la théorie, la règle est claire, vraie, parfaite; l'application *parfaite* est impossible, parce que la perfection n'est pas de ce monde; mais plus la pratique se rapprochera de la théorie, plus on sera dans le vrai, dans l'ordre, dans le bien.

Depuis longtemps déjà les États temporels dédaignent la théorie et se conduisent selon leurs caprices; ils oublient et repoussent de plus en plus la direction divine de l'Église et, comme l'enfant prodigue, ils s'éloignent chaque jour davantage de la maison paternelle. Aussi le monde, égaré loin de DIEU, est-il en révolution permanente, malgré des efforts prodigieux pour arriver à l'ordre et contenir le mal. Si la société ne veut périr, il faudra que tôt ou tard elle revienne au principe catholique, au seul principe véritable de la souveraineté. Leibnitz, *protestant*, mais homme de génie, appelait de tous ses vœux ce retour des sociétés à la haute direction morale du Saint-Siége et de l'Église : « Je serais d'avis, écrivait-il, d'établir à Rome même un tribunal pour juger les différends

« entre les princes et d'en faire le Pape président. » (*Op.*, t. V, p. 65.) Ce tribunal existe, il existe de droit divin et immuable, bien qu'on le méconnaisse. Je le répète, il n'y a de salut que là. « La Révolution ne cessera, disait M. de Bonald, que lorsque les droits de « Dieu auront remplacé les droits de l'homme. »

Appelons donc de tous nos vœux de catholiques et de citoyens la conformité de la pratique à la théorie, et, jusqu'à nouvel ordre, appliquons la théorie le moins imparfaitement qu'il sera possible.

« Mais ce système n'ouvre-t-il pas la porte à mille inconvénients? » — Pas autant qu'on veut bien le dire. Mais quand cela serait, entre deux maux nécessaires il faut choisir le moindre.

En cas de conflit entre le Souverain et la nation, qu'arrive-t-il aujourd'hui? qui l'emportera? Sera-ce le droit, la justice, la vérité? — Oui, si la force aveugle se trouve par hasard de ce côté. — Non, si, comme d'habitude, elle favorise le parti du mal. Dans les deux cas, c'est la guerre civile érigée en principe, sanglante et féroce, où le succès justifie tout, qui ruine et épuise toutes les forces vives de l'État.

Rien de tout cela dans le système catholique, où tout se passerait pacifiquement. Les deux partis plaideraient leur cause devant le tribunal auguste du Saint-Siége et se soumettraient à sa décision. Pas de sang versé, pas de guerre civile, pas de finances ruinées, etc.... Ne serait-ce pas désirable et bien beau?

J'admets volontiers, vu la corruption humaine, qu'il y aurait, autour de ce tribunal sacré, quelques intrigues, quelques misères regrettables; mais les inconvénients qu'entraînerait ce système seraient bien peu de chose en comparaison de ses avantages, et la haute influence de la Religion serait à elle seule une puissante garantie contre les abus. « L'Église, dit Bossuet, ne rassemble-t-elle pas tous les titres par où l'on peut espérer le secours de la justice? » D'ailleurs ce tribunal ne déciderait que d'après des principes certains, basés sur la foi, connus et acceptés de tous. La Révolution, au contraire, n'offre aucune garantie; elle ne connaît que le droit du plus fort; elle ne résout pas le problème social, elle ne fait qu'en reculer la solution.

« Mais, pour appliquer ce système, il faudrait que tout le monde fût catholique! » — Certainement, et il est aussi désirable que tout le monde soit catholique, qu'il est désirable de voir appliquer aux sociétés civiles le système pacifique et religieux que nous venons de dire, et qui a la foi même pour base. Tout le monde doit être catholique, parce que tout le monde doit croire et pratiquer la vraie religion. La Religion est la base du bonheur public aussi bien que du bonheur individuel, parce que Jésus-Christ est le principe de toute vie pour les États, pour les familles comme pour les individus.

Je reconnais tout le premier que le système social catholique ne peut guère s'appliquer actuellement à nos sociétés telles que les ont faites le protestantisme, le césarisme et la Révolution, et j'en conclus : 1° que ces sociétés sont dévoyées et en danger de mort, et 2° que nous devons tous, si nous aimons l'Église et la patrie, user de toute notre influence pour remettre en lumière et en vigueur le vrai principe social.

« Mais cette théorie n'a jamais pu être appliquée, même dans les siècles de foi. » — Elle ne l'a jamais été *complètement*, parce que les passions populaires et l'orgueil des princes ont été là ; elle a cependant prévenu bien des guerres et contenu bien des excès, témoin l'avénement pacifique des Carlovingiens au trône de France ; la répression de la tyrannie des empereurs d'Allemagne, Henri IV et Barberousse, etc. Dans les siècles de foi, il y avait, comme aujourd'hui, de mauvaises passions individuelles ; mais le régime social était bon, et les trois sociétés, religieuse, civile et domestique, reconnaissaient leur subordination mutuelle et reposaient, malgré des désordres partiels, sur la pierre ferme de la vérité, de la Religion, du droit et de la justice.

Dans les siècles de foi, on n'a pas pratiqué *parfaitement* la règle sociale ; de même que, dans les familles les plus chrétiennes, on ne pratique point *parfaitement* tous les commandements de Dieu et les saintes règles de l'Évangile.

« Mais n'est-ce pas revenir au moyen âge ? » — Non pas ; c'est prendre dans le moyen âge ce qu'il y avait de bon pour nous l'approprier. Nous ne voulons pas le moins du monde, nous autres catholiques, changer de siècle et nous priver des conquêtes du temps ; ce que nous voulons, c'est mettre à profit l'expérience du passé comme celle du présent, corriger le mal et le remplacer par le bien ; laisser de côté ce qui est défectueux pour garder ce qui est meilleur. Si c'est là revenir au moyen âge, revenons-y.

En voilà assez, ce nous semble, pour éclairer la conscience d'un lecteur impartial et pour montrer le rôle magnifique de l'Église dans les questions sociales et politiques.

Concluons. Il y a démocratie et démocratie : l'une vraie et légitime, professée de tout temps par l'Église, respectant la souveraineté qui repose sur elle et sur Dieu ; l'autre, fausse, protestante et révolutionnaire, d'invention récente, qui méprise le pouvoir, insubordonnée, factieuse, n'enfantant que le désordre et les ruines. C'est la démocratie de 89, la démocratie moderne, qui méconnaît l'Église et qui n'est, au fond, que la révolution sociale et le masque de l'anarchie.

Un chrétien, je le demande, peut-il être démocrate en ce sens-là ?

XV

La République.

La Révolution a un attrait irrésistible pour cette forme de gouvernement qu'on appelle *république*, et elle a une invincible antipathie pour les deux autres formes de gouvernement : *aristocratie* et *monarchie*.

Il est certain cependant qu'une république peut n'être pas révolutionnaire, comme aussi une monarchie et une aristocratie peuvent l'être parfaitement. Ce n'est pas la forme politique qui fait passer un gouvernement dans le camp de la Révolution ; ce sont les principes qu'il adopte et d'après lesquels il règle sa conduite. Tout gouvernement qui ne respecte pas en théorie et en pratique, dans sa législation et dans ses actes, les droits imprescriptibles de Dieu et de son Église, est un gouvernement révolutionnaire. Qu'il soit une monarchie héréditaire, élective ou constitutionnelle ; qu'il soit une aristocratie, un parlement ; qu'il soit une république, une confédération, etc., il est révolutionnaire s'il s'insurge contre l'ordre divin ; il ne l'est pas s'il le respecte.

Ceci posé, il est cependant curieux d'observer que la forme démocratique ou républicaine est la seule qui n'ait aucune sanction divine. Les deux sociétés directement constituées par Dieu ont reçu de sa sagesse paternelle la forme monarchique mêlée d'aristocratie ; la famille est une monarchie où le père commande et gouverne en souverain, mais avec l'assistance de la mère, qui représente l'élément aristocratique, et dont l'autorité est réelle bien que secondaire. Quant aux enfants et aux serviteurs, élément démocratique, ils n'ont dans la famille, *aucune* autorité proprement dite.

Il en est de même dans l'Église. L'Église est une monarchie spirituelle mêlée d'aristocratie. Le Pape est véritablement monarque religieux des hommes; mais, à côté et en dépendance de son pouvoir suprême, DIEU a établi le pouvoir de l'Épiscopat, qui est dans l'Église le pouvoir aristocratique. Le peuple des fidèles, qui est l'élément démocratique, n'a pas plus d'autorité que les enfants n'en ont dans la famille.

De ce double fait divin ne serait-il pas raisonnable de conclure que la démocratie n'est pas fille du ciel, et que la république, telle du moins qu'on l'entend de nos jours, a des accointances secrètes avec le principe fatal de la Révolution? « La *Démocratie*, dit Proudhon, définisseur non suspect, C'EST L'ENVIE; » or, l'envie, selon Bossuet, n'est que « le noir et secret effet d'un orgueil faible. » Un mauvais plaisant disait naguère : « Démocratie, démonocratie! » c'est peut-être un peu vif, mais il pourrait y avoir du vrai. Ce qui est sûr, c'est que les républiques étant presque toujours de vraies *pétaudières*, tous les brouillons, tous les avocats sans cause, tous les médecins sans clientèle, tous les bavards, tous les ambitieux de bas étage, y trouvent aisément leur compte, et le diable ne demande pas mieux que de pêcher en cette eau trouble. La république enfante invariablement ou l'anarchie ou le despotisme, et voilà pourquoi elle est si chère à la Révolution.

Sans proscrire absolument les idées républicaines, je conseillerais fortement à un jeune homme de s'en méfier beaucoup. Il risquerait d'y perdre les vrais et bons instincts de la foi et de l'obéissance, sans compter le danger fort sérieux d'y perdre la tête, comme beaucoup d'autres.

A l'extrême opposé se trouve l'absolutisme monarchique, c'est-à-dire le pouvoir sans frein, sans contrôle; je le crois, en vérité, plus fatal encore que la pire des républiques. La nation entière est, comme sous les empereurs païens, comme le peuple russe, à la merci d'un homme, et cet homme est armé de la toute-puissance. Le césarisme est antichrétien et révolutionnaire au premier chef.

XVI

La loi.

La Révolution sait qu'elle n'est au fond que l'anarchie, et que l'anarchie fait peur à tout le monde. Pour dissimuler son principe et se donner des apparences d'ordre, elle se drape emphatiquement dans ce qu'elle appelle la *légalité;* elle ne fait rien qu'au nom de la LOI. En 89, elle a miné l'ordre social, politique et religieux, au nom de la loi; au nom de la loi, elle a décrété, en 91, le schisme et la persécution ; en 93, toujours au nom de la loi, elle a assassiné le roi de France, établi la Terreur et commis ces horribles attentats que chacun sait. C'est au nom de la loi que, depuis un demi-siècle, elle fait la guerre à l'Église, au pouvoir, à la vraie liberté. Il ne sera donc pas inutile de rappeler brièvement ici la notion véritable de la LOI.

La *loi* est l'expression de la volonté légitime du Supérieur légitime. Pour qu'une loi nous oblige en conscience, pour qu'elle soit vraiment une loi, il faut ces deux conditions essentielles : 1° Qu'elle émane de notre Supérieur légitime, et 2° qu'elle ne soit pas un caprice, une volonté mauvaise et perverse de ce Supérieur. Voilà pourquoi j'ai dit une volonté *légitime*.

Quels sont nos Supérieurs légitimes? quand leurs volontés sont-elles des volontés légitimes? Double question pratique facile à résoudre.

DIEU seul est, à proprement parler, notre Supérieur ; si nous avons, sur la terre, à obéir à des hommes, c'est qu'ils sont investis par DIEU du pouvoir de nous commander. Dépositaires de l'autorité de DIEU, ils deviennent nos *Supérieurs*. Tout Supérieur sur la terre n'est donc qu'un délégué de DIEU, qu'un représentant de DIEU, et ne doit *jamais* imposer à ses subordonnés une volonté opposée à la volonté de DIEU. Ce principe est le fondement de toute loi.

Or nous avons sur la terre trois sortes de Supérieurs : le Pape et l'Évêque, dans l'ordre religieux ; le Souverain, dans l'ordre civil et politique ; le père, dans l'ordre de la famille. Chacun est Supérieur légitime et a droit de nous commander au nom de Dieu, mais en observant, avant tout, l'ordre établi de Dieu. Cet ordre, nous l'avons exposé tout à l'heure : c'est la subordination régulière de la famille à l'État, et de l'un et de l'autre à l'Église.

Donc, pour qu'une volonté de mon père m'oblige en conscience, il est absolument nécessaire, mais aussi il suffit qu'elle ne soit pas évidemment opposée à une loi supérieure, c'est-à-dire à une loi de l'État ou à une loi de l'Église; pour qu'une injonction du pouvoir civil m'oblige à son tour, il faut et il suffit qu'elle ne soit pas contraire à une loi, à une direction de l'Église. Sans cette condition indispensable, nous ne sommes pas tenus d'obéir, en conscience du moins ; et, loin d'être une *loi*, cette injonction n'est qu'un abus de pouvoir, un caprice tyrannique, une violation flagrante et coupable de l'ordre divin.

Quant à l'Église, sa garantie, par rapport à nous, repose sur la parole de Dieu même, qui l'assiste toujours dans l'exercice de son pouvoir. Elle a le privilége divin et incommunicable de l'infaillibilité dans tout son enseignement, de telle sorte que les nations, aussi bien que les individus, peuvent sans aucun risque s'abandonner à sa conduite et recevoir ses directions. Écouter l'Église, c'est toujours écouter Dieu ; la mépriser, c'est toujours mépriser Dieu : « Qui vous écoute, m'écoute ; qui vous « méprise, me méprise. »

Or il n'y a aucun rapport entre la loi, la vraie loi, et ce que la Révolution ose appeler la loi. « La loi, dit-

« elle, est l'expression de la volonté générale. » Non pas, la loi est l'expression de la volonté de DIEU, et la volonté générale n'est rien, ou plutôt est criminelle dès qu'elle est opposée à cette volonté divine promulguée infailliblement par l'Église catholique. Le doute n'est pas possible ici ; c'est une question de foi et de bon sens.

Il en est de même, dans l'État césarien : la loi, la vraie loi qui oblige en conscience, n'est pas l'expression de la volonté du Souverain ; j'entends de sa volonté capricieuse, opposée à la volonté de DIEU, le Souverain des Souverains. Le césarisme, c'est la domination autocratique et brutale de l'homme sur l'homme. La loi césarienne n'est pas une loi ; elle est bien souvent un blasphème et un sacrilége.

La loi n'est donc pas l'expression de la volonté de l'homme, indépendante de la volonté de DIEU.

Remarquons, dans cette définition erronée de la loi, l'habileté perfide de l'incrédulité révolutionnaire : elle n'attaque pas de front le dogme catholique ; elle fait comme s'il n'existait pas ; et ainsi elle habitue les peuples et les Souverains eux-mêmes à se passer de DIEU, à se passer de l'Église, du christianisme tout entier. C'est comme la religion de l'honnête homme, qui remplace soi-disant la religion chrétienne, et qui n'est autre chose que l'absence complète de religion. L'athéisme social et légal date de 89. Il est très-réel, bien que purement négatif. Plus de DIEU, plus de Christ, plus d'Église, plus de foi, et à la place de tout cela, le PEUPLE et la LOI ! Je regarde la Loi, la légalité, telle que la Révolution nous la fait pratiquer, comme une séduction satanique, plus dangereuse que toutes les violences.

Il va sans dire que toutes les lois civiles et politiques, qui ne sont pas contraires aux lois et aux droits de l'Église, obligent en conscience tous les sujets, les prêtres et les Évêques aussi bien que les autres citoyens. Dans le doute, l'Église seule, par l'organe des Évêques et du Souverain-Pontife, est compétente pour décider s'il faut obéir. Si, au contraire, la loi civile est *évidemment* contraire au droit catholique, c'est le cas de répondre avec les premiers disciples du Seigneur : « Il vaut mieux obéir à « DIEU qu'aux hommes. »

XVII

La liberté.

Encore un masque qu'il faut arracher à la Révolution; encore une grande et sainte parole de la langue chrétienne, dont le génie du mal abuse à tout propos.

La liberté, c'est, pour chacun de nous, la puissance de faire ce qu'il DOIT faire, c'est-à-dire, ce que DIEU veut, c'est-à-dire, le bien. La liberté absolue et parfaite n'est pas de ce monde; nous ne l'aurons que dans le ciel. Sur la terre, la liberté, la puissance de faire le bien, est toujours imparfaite. Avec le pouvoir de faire le bien, nous avons *la possibilité* de faire le mal; cette possibilité, qu'on ne s'y méprenne pas, n'est pas une faculté, une puissance; c'est une faiblesse, un défaut de puissance.

Notre liberté ici-bas est donc imparfaite, parce qu'elle est toujours bornée par quelque obstacle provenant de la faiblesse humaine ou de la perversité des hommes, ou des attaques du démon.

En religion, la liberté consiste à pouvoir connaître et pratiquer pleinement la vérité religieuse, c'est-à-dire, la religion catholique, apostolique, romaine. C'est, pour le Pape et les Évêques, la faculté pleine et entière d'enseigner et de gouverner les fidèles, et, pour ceux-ci, de pouvoir leur obéir sans entraves. La vraie liberté religieuse n'est que cela. Dans l'ordre civil et politique, la liberté, c'est, pour les gouvernants, le pouvoir d'exercer tous leurs droits légitimes; pour les gouvernants et les gouvernés, le pouvoir de remplir sans obstacle tous les vrais devoirs du citoyen. Toutes les vraies libertés civiles et politiques sont renfermées dans cette définition, du moins en ce qu'elles ont d'essentiel. Enfin, dans l'ordre de la famille, la liberté, c'est, pour le père et la mère, la faculté d'exercer pleinement tous leurs droits véritables sur leurs enfants et leurs serviteurs; et, pour tous, la puissance d'accomplir leurs devoirs respectifs. Tout est donc bon et saint dans la liberté, dans la vraie liberté; plus elle est complète et plus on est dans l'ordre; l'autorité elle-même n'est instituée que pour protéger la liberté.

Ceci posé, il y a trois manières d'entendre et de vouloir la liberté, pour les sociétés aussi bien que pour les individus : 1° la liberté de faire le bien avec le moins d'entraves possible; 2° la liberté de faire le bien ET le mal avec une égale facilité donnée à l'un et à l'autre ; 3° la liberté de faire le mal en entravant le bien.

1° La première de ces trois formes constitue la vraie et bonne liberté, la liberté la moins imparfaite en ce monde, la liberté telle que Dieu la veut, et telle que l'Église la réclame, l'enseigne et la pratique. Cette liberté relativement parfaite n'est pas une utopie, pas plus que la justice et les autres vertus morales, proposées aux hommes et aux sociétés par Dieu et par son Église; ces vertus sont toujours imparfaitement pratiquées, mais elles sont toujours praticables, et l'on doit tendre à les pratiquer parfaitement.

Ainsi en est-il de la liberté ; plus nous avons de facilités pour faire le bien, plus nous sommes libres ; et plus nous sommes libres, plus nous sommes dans l'ordre et dans le vrai. Plus les pouvoirs de ce monde nous donneront de facilités pour bien faire, plus ils écarteront les obstacles qui gêneront la liberté, et plus ils entreront dans les desseins de Dieu, qui veut le bien en toutes choses, et, en toutes choses, repousse le mal. Et si l'on demande comment les pouvoirs humains pourront connaître avec certitude quels obstacles ils doivent éloigner pour protéger et développer la liberté, la réponse est bien simple : en ce qui touche l'ordre religieux et moral, l'Église les dirigera sûrement, comme nous le disions tout à l'heure ; et, dans les questions purement temporelles et politiques, une fois l'intérêt supérieur des âmes sauvegardé, ces pouvoirs prendront, pour assurer la liberté du bien et comprimer le mal, toutes les mesures qui leur seront dictées par l'expérience et la raison.

2° La liberté de faire le bien ET le mal, la même protection accordée aux bons et aux méchants, à la vérité et à l'erreur, à la foi et à l'hérésie, telle est la seconde forme sous laquelle on peut concevoir la liberté. C'est ainsi que la conçoivent les *libéraux*.

Je ne parle pas ici de ces impies qui demandent une égale libérté pour le bien et le mal, dans l'espoir de voir le mal triompher du bien ; j'entends les libéraux honnêtes et chrétiens, qui aiment l'Église, qui détestent le désordre et la Révolution, et qui appellent la lutte parce qu'ils croient de bonne foi que le bien finira toujours par triompher.

Craignant sans doute d'effaroucher les indifférents et les impies, ils font des concessions sur les principes et ils rejettent, comme imprudente et pernicieuse, la notion pure et vraie de la liberté, telle que l'Église catholique l'a toujours professée depuis dix-huit siècles, et telle que je viens de l'exposer en quelques mots. Ils quittent le terrain de l'inflexible vérité, la maison paternelle, pour courir après l'enfant prodigue avec l'espoir de le ramener.

Ils se trompent : la vérité tout entière, la vérité seule, est capable de nous délivrer du fléau révolutionnaire, « *Veritas liberabit vos*, » dit l'Évangile. Les libéraux me semblent manquer de foi et de courage, en abandonnant ainsi le parti de la sainte liberté ; *de foi*, parce qu'ils doutent pratiquement de la Providence de Jésus-Christ sur son Église et parce qu'ils acceptent comme un fait accompli l'inique domination des principes révolutionnaires dans le monde; *de courage*, parce qu'ils adoptent trop souvent les idées libérales afin de ne pas être qualifiés par le monde moderne d'esprits rétrogrades, d'utopistes, d'hommes du moyen âge.

Ils érigent en principe ce qui n'est qu'une *nécessité de transition*, et ne s'aperçoivent pas que ce prétendu principe d'égalité entre le bien et le mal est aussi contraire à la foi qu'au bon sens. L'expérience de tous les jours n'est-elle pas là pour attester que, par suite de la corruption de notre pauvre nature déchue, nous sommes plus portés au mal qu'au bien? n'est-ce pas là un fait incontestable et même un article de foi? Favoriser l'un comme l'autre, c'est nous exposer à une perte quasi certaine. Mettre la vérité en champ clos avec l'erreur, le bien avec le mal, la justice avec nos passions, c'est livrer la vérité à l'erreur, le bien au mal, la justice aux passions. C'est ce qui faisait dire à saint Augustin « que la liberté de l'erreur était pour l'âme la pire des morts : *Quæ pejor mors animæ quam libertas erroris?* » Et ce qui est vrai de chacun de nous, l'est encore bien plus quand il s'agit des sociétés. Nulle société ne peut servir deux maîtres, et le juste milieu n'est pas possible, quand il s'agit des principes.

« Mais alors, nous dit le libéralisme, soyez donc logiques avec vous-mêmes, et ne demandez pas, comme nous le faisons tous aujourd'hui, d'être mis sur le même pied que nos adversaires. » — Nous ne demandons nullement cette égalité comme un principe ; nous faisons aux pouvoirs oppresseurs un argument *ad hominem*, et rien de plus. Nous faisons un appel légitime et raisonnable à leur équité naturelle, sans entrer le moins du monde dans la question de principe. « Accordez-nous au moins, leur disons-nous, ce que vous accordez aux autres citoyens ; c'est de droit naturel. » En parlant ainsi, catholiques et libéraux, nous sommes tous d'accord. Mais ce n'est pas une raison pour ne pas désirer mieux, pour ne pas tendre à un état normal. La liberté du libéralisme vaut mieux que l'oppression, voilà tout ; elle ne doit pas être envisagée comme une fin, encore moins comme un principe.

« Mais l'Église a réclamé cette égalité dans toutes ses épreuves. » — Oui, mais en quel sens ? L'Église n'a jamais réclamé la liberté bâtarde du bien ET du mal, même au milieu des persécutions. Les apologistes du christianisme ne faisaient à leurs adversaires, je ne saurais trop le redire, que des arguments *ad hominem ;* jamais ils n'ont approuvé, comme on approuve un droit, la liberté de l'erreur et du mal, qui perdait les âmes autour d'eux. L'Église est la société du bien, de la vérité ; elle ne veut et ne peut vouloir que la vraie liberté, la liberté du bien, le pouvoir d'enseigner et de pratiquer la vérité. Pour l'amour de DIEU, ne confondons pas le possible avec le désirable, et n'érigeons pas en principes de tristes et passagères nécessités.

« Ainsi, quand nous serons les plus forts, nous ne

parlerons que d'autorité, et nous ne parlerons que de liberté quand nous serons les plus faibles. Est-ce loyal? » — Ce serait fort peu loyal; aussi l'Église ne le fait-elle pas. Faible ou forte, opprimée ou triomphante, elle dit de la même voix à tous les hommes, aux bons comme aux mauvais : « La vérité et le bien méritent seuls votre amour; le mal vous perd. Plus vous donnerez de liberté au bien, et plus vous serez bénis de Dieu en ce monde et en l'autre; plus vous en donnerez au mal, et plus vous serez misérables. Dieu ne donne l'autorité aux hommes que pour protéger le libre exercice de ce qui est bon et honnête; tout prince, tout magistrat, tout père de famille qui use de son autorité pour protéger autre chose que le droit, la vérité et le bien, abuse des dons de Dieu et perd son âme. » L'Église ne dit jamais que cela. Son droit, aussi bien que son devoir, est de réclamer toujours, vis-à-vis des puissances de la terre, la liberté du bien et la protection de cette liberté.

L'Église se trouve face à face avec des pouvoirs ennemis, ou bien avec des pouvoirs indifférents, ou bien avec des pouvoirs amis. Elle dit aux premiers : « Pourquoi me frappez-vous? J'ai le droit de vivre, de parler, de remplir ma divine mission, qui est toute bienfaisante; vous avez tort de me faire du mal, de ne pas me laisser libre. » Elle dit aux seconds : « Celui qui n'est pas avec moi, est contre moi. Pourquoi demeurez-vous indifférents à la cause de votre Dieu? Pourquoi traitez-vous le mensonge comme la vérité, le mal comme le bien, Satan comme Jésus-Christ? Vous n'avez pas le droit de demeurer dans cette indifférence. » Elle dit aux troisièmes : « Vous êtes dans le vrai, et vous faites la volonté de Dieu. Aidez-moi le plus qu'il vous est possible à faire régner Jésus-Christ et, avec Jésus-Christ, la vérité, la justice, la paix, le bonheur. Aidez-moi à faire disparaître le plus complétement possible tout ce qui est contraire à la très-bonne et très-sainte volonté de Dieu et au vrai bonheur des hommes. »

Tel est le langage de l'Église au milieu du monde. Au fond, elle demande une seule et même chose : la liberté du bien, la seule vraie liberté.

« Il y aura donc deux poids et deux mesures : liberté pour nous, oppression pour les autres? » — L'Église n'a, comme son divin Maître, qu'un poids et qu'une mesure ; elle n'aime, elle ne favorise que le droit, la vérité, le bien ; elle repousse et déteste tout ce qui est erreur, tout ce qui est mal et injustice. Quel est le chrétien qui osera jamais dire que Satan a dans le monde les mêmes droits que le Christ? Voilà cependant ce qui est *au fond* de la prétention du libéralisme. L'Église, et nous tous avec elle, nous réclamons les droits de la vérité, parce que seule la vérité a des droits; nous nions ce que l'on ose appeler les droits de l'erreur, les droits de l'hérésie, les droits du mal, parce que l'erreur, l'hérésie et le mal n'ont aucun droit. Il y a, je le sais, des nécessités *de fait*, qui obligent souvent l'autorité à fermer les yeux sur des ravages qu'elle ne peut empêcher; mais son *devoir* est d'extirper les abus le mieux *possible* et le plus tôt *possible*.

Cette indignation d'un grand nombre de chrétiens au sujet de l'*oppression du mal* est en vérité fort étrange. Dans l'intérieur de leurs familles, à l'égard de leurs enfants et de leurs serviteurs, ils *oppriment* et *répriment* le mal tant qu'ils peuvent, même par la force quand la douceur ne suffit pas. Et ils trouvent mauvais que l'Église, que l'État agisse comme eux ! En sauvegardant ainsi les mœurs, la foi, l'honneur, le salut de leurs familles, ils remplissent un devoir sacré, le premier de leurs devoirs; et lorsque l'Église et l'État catholiques, accomplissant ce *même* devoir, lèvent le bras pour frapper les corrupteurs publics de la foi, des mœurs, de la société entière, l'Église et l'État deviennent des tyrans, des pouvoirs cruels, intolérants et fanatiques! Mais c'est le libéralisme qui a deux poids et deux mesures.

Il confond le modérantisme, c'est-à-dire la tolérance doctrinale, avec la modération, c'est-à-dire la tolérance personnelle ou la charité; et en cela il s'écarte gravement de la règle catholique. Le libéralisme n'est au fond qu'un accommodement avec la Révolution; voilà pourquoi la Révolution lui témoigne tant de sympathies. La liberté du bien ET du mal est un leurre par lequel le serpent révolutionnaire séduit un grand nombre d'esprits trop confiants, comme il fit jadis en présentant à Ève, avec toute sorte de belles promesses, non pas le fruit de l'arbre de la science *du mal*, mais le fruit de l'arbre de la science *du bien* ET *du mal*.

« Mais alors nous livrons l'Église à la merci des puissances de ce monde, et l'on sait ce qu'elles en font ! » —

L'Église ne s'abandonne nullement aux puissances de ce monde. Quand les Souverains temporels écoutent sa voix et quand ils sont chrétiens, elle leur demande de lui faciliter le salut de tous, en protégeant la liberté de son ministère, en écartant les ennemis de la foi, et en contenant par la crainte les hommes pervers à qui la persuasion ne suffit pas. Est-ce là se mettre à la merci du pouvoir?

Lorsqu'un prince n'est pas catholique, l'Église ne réclame de lui aucune assistance et se contente de l'argument *ad hominem* cité plus haut. C'est ce que, plus ou moins, selon les circonstances, nous faisons tous dans nos sociétés modernes, qui ne reposent plus sur la base catholique. Demander plus serait une haute imprudence, et en outre une pure perte de temps.

« Nous ne croyons donc pas à la puissance de la vérité pour lui chercher ainsi des appuis humains? » — Nous croyons très-fort à la puissance de la vérité; mais nous croyons aussi très-fort et très-pratiquement au péché originel. Tout ce qui est bon a besoin d'être protégé en ce monde, parce que le monde est perverti et parce qu'il y a beaucoup de méchants. La société, tant religieuse que civile, n'a été établie de Dieu que pour organiser la défense des bons contre les mauvais. L'État protége le commerce; il protége les arts, les sciences, la propriété; et, quand il est chrétien, il ne protégerait pas le plus précieux des dons du ciel, la vérité, cette liberté et ce droit de nos âmes! Protéger, remarquez-le bien, n'est pas dominer. Si, trop souvent, les princes chrétiens ont ainsi entendu la protection, ils ont eu grand tort, et DIEU les en a punis; mais cet abus ne détruit pas le principe, et l'Église a eu et aura toujours raison de dire aux autorités humaines : « Vous devez m'aider. »

« Ce n'est pas seulement pour le gouvernement de la société temporelle, mais SURTOUT *pour la protection de l'Église*, que le pouvoir a été donné aux princes[1]. » Ainsi parlait Grégoire XVI; et Pie IX, plus explicite encore, déclare que « l'autorité suprême n'a pas seulement été donnée aux princes pour le gouvernement du monde, mais *principalement* pour la défense de l'Église[2]. » Pie IX lui-même emprunte textuellement cette sentence au Pape saint Léon le Grand. Tel est l'enseignement formel du Saint-Siége, dont les libéraux sincèrement catholiques devraient tenir plus de compte.

L'État chrétien est le fils dévoué, le défenseur et le serviteur de sa Mère, la sainte Église, et de son Père spirituel, le Souverain-Pontife. Il ne protége l'Église qu'en la servant; et, selon l'enseignement formel du Saint-Siége, enseignement formulé dans la Bulle dogmatique *Unam sanctam*, le prince catholique est tenu de ne combattre pour l'Église que « *ad nutum et patientiam Sacerdotis*, avec l'assentiment du Pontife et dans la mesure que celui-ci juge convenable. Il n'y a donc rien à craindre pour l'Église dans la *protection* qu'elle réclame des princes véritablement catholiques. Cette pro-

[1] Encyclique de 1832.
[2] Encyclique du 9 novembre 1846.

tection n'est au fond qu'un dévouement efficace et docile.

« On nous accordera du moins qu'il y a libéraux et libéraux? » — Oui, certes; mais y a-t-il libéralisme et libéralisme? Tout est là; car c'est ici une question de principes et non de personnes. Qui ne rend hommage au caractère et aux droites intentions des libéraux catholiques? Ce qui me semble évident, c'est qu'ils défendent la bonne cause de manière à la compromettre, avec une très-fausse prudence, sans esprit de foi, avec des arguments qui pèchent par la base; c'est que le libéralisme n'est pas un principe capable de supporter un examen approfondi. Ses partisans ne se rendent pas bien compte de ce qu'ils veulent; ils croient avoir une doctrine et ils n'ont que des *sentiments;* ils croient défendre les principes parce qu'ils en présentent quelques-uns. Ces principes, détachés *du principe*, sont des branches séparées du tronc; ils n'ont plus de séve ni de vie.

Le *principe* libéral, si on le prenait au sérieux et comme une thèse doctrinale, mènerait droit à une hérésie formellement condamnée par le Saint-Siége, du temps de Philippe le Bel; hérésie mère du dogme révolutionnaire, et qui, pour la première fois en France, osait nier la subordination du pouvoir temporel au pouvoir spirituel, de l'État à l'Église. Le Saint-Siége condamna cette erreur et définit comme de foi que *toute créature humaine doit être soumise au Pontife romain, et cela, de nécessité de salut.* Toute créature humaine, c'est-à-dire, tout magistrat, tout roi, tout gouvernant.

La liberté du bien ET du mal, voilà en deux mots le

résumé de la thèse libérale; qu'on l'adopte, qu'on l'applique avec des intentions chrétiennes, ou bien avec des intentions perverses, cette thèse demeure toujours ce qu'elle est : UNE GRAVE ERREUR, et une erreur pratique très-dangereuse, parce qu'elle est séduisante; très-utile à la Révolution, à laquelle elle prépare les voies. Aussi le Pape Pie IX, sans faire de distinction, a-t-il condamné naguère, non les intentions des libéraux, mais le libéralisme; et, avant lui, Grégoire XVI avait condamné avec une énergie tout apostolique le même faux principe de liberté, en ses deux principales applications : la *liberté de conscience*, et la *liberté de la presse*[1].

Je demande pardon au lecteur de m'être longuement étendu sur le libéralisme ; c'est une question à l'ordre du jour sur laquelle il faut être bien fixé. Qu'on le sache bien cependant : malgré ces divergences, qui sont en réalité des questions de conduite plus encore que des questions de doctrine proprement dites, tous les chrétiens honnêtes, tous les catholiques éclairés sont d'accord contre la Révolution ; leurs dissentiments ne sont au fond que des malentendus, une affaire de mots et de formules.

[1] Ex hoc putidissimo indifferentismi fonte absurda illa fluit ac erronea sententia, seu potiùs deliramentum, asserendam esse ac vindicandam cuilibet libertatem conscientiæ. Cui quidem pestilentissimo errori viam sternit plena illa atque immoderata libertas opinionum, quæ in sacræ et civilis rei labem late grassatur, dictantibus per summam impudentiam nonnullis, aliquid ex ea commodi in religionem promanare. (Encyclique *Mirari*, 15 août 1832.) Deterrima illa ac nunquam satis execrata et detestabilis libertas artis librariæ ad scripta quælibet in vulgus. (*Idem.*)

Je reprends donc la suite de mon sujet, et, après avoir exposé la liberté telle que l'entend l'Église, et la liberté telle que l'entend le libéralisme, j'arrive à la liberté telle que l'entend la Révolution.

3° La liberté de faire le mal en entravant le bien, en opprimant l'Église et ses Pasteurs, en foulant aux pieds les droits légitimes du pouvoir, en violant les droits de la famille : telle est la liberté révolutionnaire. Il est superflu, entre honnêtes gens, de s'arrêter à la discuter. Faire le mal aux dépens du bien, ce n'est plus la liberté, c'est la licence ; ce n'est plus l'usage, mais l'abus et l'abus sacrilége du plus magnifique des dons de DIEU. Il n'y a qu'un scélérat qui puisse comprendre et vouloir ainsi la liberté.

On a prétendu que c'était la liberté de 93 ; j'affirme, du moins en ce qui touche l'Église et la foi, que c'était aussi la liberté de 89. Les faits l'ont bien prouvé, et l'on n'a pas besoin de verser le sang pour opprimer le bien. Les lois révolutionnaires ne sont-elles pas plus dangereuses que l'échafaud ?

Telles sont, ce me semble, les vraies notions de la liberté. Elles s'appliquent à l'ordre religieux aussi bien qu'à l'ordre politique et à l'ordre intime de la famille. Il est facile à chacun de juger, d'après ces principes, ce qu'il y a de bon et de mauvais dans ce que nos institutions modernes appellent la liberté religieuse, la liberté des cultes, la liberté de la presse et les autres libertés politiques.

La liberté religieuse bien entendue consiste à pouvoir pratiquer avec le moins d'entraves possible la religion, la vraie religion ; elle impose au Souverain temporel le devoir de protéger, *dans la mesure du possible*, le plein et entier exercice de la religion catholique, qui est la seule vraie religion, et d'aider ainsi l'Église dans sa mission salutaire. « Le prince, dit saint Paul, ne porte pas en vain le glaive ; car il est le Ministre de Dieu pour le bien : *Non enim sine causa gladium portat ; Dei enim minister est in bonum : vindex in iram ei qui malum agit.* » (Ad Rom., XIII.) Quel plus grand bien, je le demande, pour un peuple aussi bien que pour un particulier, que de pouvoir librement connaître et servir Dieu, et accomplir le premier et le plus grand des devoirs?

J'ai dit : « *dans la mesure du possible*, » parce qu'il arrive souvent que le Souverain, aussi bien que le père de famille, est obligé de *tolérer* bien des choses qu'il ne peut empêcher, bien qu'elles soient nuisibles aux intérêts spirituels de son peuple. Son devoir n'est pas de tout brusquer par des mesures imprudentes, mais de préparer, par toutes sortes de moyens légitimes, un meilleur avenir. Il est obligé, en conscience, d'extirper immédiatement le mal qu'il peut extirper sans attendre. « *Vindex in iram ei qui malum agit.* »

« Et les juifs, les protestants, qu'en ferez-vous donc? » — De deux choses l'une : ou bien ils ont déjà introduit l'erreur dans un pays catholique, ou bien ils n'y sont pas encore établis et veulent y entrer. Dans le premier cas, le devoir du Souverain catholique est de les tolérer, de leur garantir, comme aux catholiques, tous les droits civils ; mais en même temps il doit les empêcher de propager leurs erreurs délétères. S'il le peut, il doit procurer leur conversion, en facilitant auprès d'eux le ministère de l'Église. C'est, en définitive, le rôle d'un bon père vis-à-vis de ses enfants. Il ne les oblige pas à se faire chrétiens ; mais il tâche de les y amener par tous les moyens de persuasion ; et ensuite, il les oblige, soit par la persuasion soit par la force, à garder pour eux leurs erreurs et à ne pas en infecter les populations fidèles confiées à sa garde.

Dans le second cas, le rôle du prince est tout différent, bien que ce soit au fond l'accomplissement du même devoir. Il doit, s'il veut rester fidèle à sa haute mission, empêcher à tout prix l'hérésie d'infecter la foi de ses sujets, et traiter les propagandistes comme d'injustes agresseurs. L'hérésie n'a aucun droit en pareil cas.

« Et dans les pays protestants, que devra faire le Souverain ? » — Le Souverain protestant, en protégeant une religion fausse, appliquera mal un principe vrai. Ce ne sera pas la faute du principe, et le malheur du Souverain et du peuple sera uniquement d'être protestants. Il arrive bien souvent que l'on applique à faux des principes véritables ; le démon détourne ainsi à son profit les institutions les plus excellentes. Le Christ, d'ailleurs, a le droit de chasser Satan, parce que Satan est un révolté, un injuste, un usurpateur, un sacrilége. Satan, au contraire, n'a aucun droit contre le Christ, parce que le Christ est Seigneur légitime, bon, juste et saint. Ainsi en est-il de l'Église et de l'hérésie, de l'Église et du schisme, de l'Église et de toutes les fausses religions.

Ce que nous venons de dire dans tout ce chapitre s'applique également à la liberté de la presse, à la liberté de l'éducation et de l'enseignement, à toutes les libertés politiques. Jamais on ne saurait être trop *libéral*, si l'on comprend bien la liberté; et l'on ne comprendra jamais la liberté qu'en se mettant à l'école de l'Église. L'Église seule est la mère de la liberté sur la terre, en même temps qu'elle est la protectrice et la sauvegarde de l'autorité.

XVIII

L'égalité.

Un mot seulement sur cette question, pour y discerner le vrai du faux. Comme pour la liberté, distinguons trois sortes d'égalités : l'une bonne; l'autre qui paraît bonne et qui ne l'est pas; la troisième qui ne l'est pas et qui ne le paraît pas davantage.

1° L'égalité chrétienne, seule absolument vraie et absoment possible, et, pour cette raison, seule admise et pratiquée par l'Église, laquelle a toujours enseigné que tous les hommes sont frères, qu'il n'y a qu'une même morale, qu'une même religion, qu'un même jugement, qu'un même Dieu, pour les pauvres et pour les riches, pour les

Souverains et pour les sujets, pour les petits et pour les grands. Nos églises sont les seuls véritables temples de l'égalité parmi les hommes, et nos sacrements, surtout le sacrement de la Communion, sont les symboles divinement institués pour nous rappeler à tous cette égalité fraternelle et éternelle.

2° L'égalité libérale de 89 qui domine dans nos lois modernes ; mélange d'idées vraies et fausses, comme les principes de 89 eux-mêmes ; cette égalité acceptable en plusieurs points (par exemple pour la répartition des impôts, pour la jouissance des droits civils, etc.), est contraire à la loi de Dieu sur d'autres points (par exemple en ce qui touche les immunités ecclésiastiques[1]). Elle est d'ailleurs bien souvent impossible en pratique, lors même

[1] Par *immunités ecclésiastiques* on entend le droit absolu que Dieu acquiert sur une personne ou sur une chose qui lui est consacrée. Ainsi l'homme, le citoyen qui reçoit la consécration ecclésiastique ou religieuse, devient l'homme de Dieu, la propriété exclusive de Dieu, et les pouvoirs temporels n'ont plus sur cet homme consacré que les droits qui peuvent se concilier avec ceux de Dieu. Il en est de même des églises, des vases sacrés, des biens ecclésiastiques ; c'est la chose de Dieu, la propriété de Dieu et de son Église. — Il est *de foi*, du moins quant au principe, que les immunités ecclésiastiques sont d'institution divine. Quiconque les viole est excommunié *ipso facto*.

Il existe aussi des *immunités civiles*, créées par le pouvoir temporel et que chacun est obligé de respecter ; par exemple, en France, le droit qu'ont les princes du sang, les sénateurs, les députés et autres grands fonctionnaires, de ne pouvoir être mis en jugement qu'après un décret spécial du Souverain, de n'être jugés que par leurs pairs, etc. La justice militaire est encore une *immunité*. Ce n'est qu'à l'Église que le monde moderne refuse toutes les immunités ; et, qu'on le sache bien, on ne lui refuse ce droit que parce qu'elle est l'Église et parce que le démon, prince de ce monde et père de la Révolution, veut anéantir l'influence divine de Jésus-Christ sur la terre.

qu'elle existe en théorie dans les lois. Dans quel pays les grands dignitaires de l'État, les hauts fonctionnaires, les personnages influents, etc., n'ont-ils pas une foule de priviléges *de fait* qui détruisent l'égalité civile et politique et qu'aucune loi ne pourra jamais abolir ?

3° L'égalité révolutionnaire, l'égalité de 93 et de la guillotine, l'égalité sauvage de Proudhon, c'est-à-dire le nivellement absolu de toutes les conditions, le socialisme, le communisme, l'anarchie.

Ces distinctions de simple bon sens suffisent pour éclairer bien des discussions dans lesquelles tous les esprits honnêtes sont au fond d'accord et où, là encore, on ne se dispute que faute de s'entendre.

XIX

De quelques applications pratiques des principes de 89.

En pratique, veut-on savoir comment, depuis un demi-siècle, la presse révolutionnaire de tous les régimes et de toutes les nuances entend nous appliquer les principes de 89 ? En voici quelques échantillons ; ce sont des faits qu'on ne saurait nier :

L'indifférence religieuse, favorisée par les institutions civiles, envahissant de plus en plus la société ;

La foi, battue en brèche par un journalisme impudent, perdant de plus en plus son bienfaisant empire ;

La civilisation matérielle prévalant partout sur la civilisation moderne et chrétienne, et développant dans toute l'Europe le matérialisme et le luxe;

Le respect pour les autorités presque entièrement arraché des cœurs et l'esprit d'indépendance développé outre mesure, et dans la famille, et dans l'État, et dans l'Église;

La constitution chrétienne de la famille sapée jusque dans sa base par l'invention sacrilége du mariage civil, par le divorce remis en vigueur dans plusieurs pays chrétiens, par mille entraves apportées à l'éducation catholique des enfants, par la division indéfinie des patrimoines héréditaires qui formaient jadis comme le pouvoir temporel de la famille et comme son point de ralliement;

L'éducation et l'enseignement de la jeunesse, réservés la plupart du temps à des laïques sans religion, qui n'ont ni la mission, ni la volonté de faire connaître aux enfants la vérité catholique, encore moins de la leur faire pratiquer;

Les institutions catholiques les plus sacrées, telles que le mariage, les congrégations religieuses, les réunions synodales des Pasteurs de l'Église, etc., entravées, parfois même tout à fait supprimées par des autorités laïques absolument incompétentes;

Tout ce qui vient de Rome, suspecté; tout ce qui résiste à Rome, encouragé et récompensé;

L'opinion publique pervertie par les fausses libertés, et soulevée dans l'Europe entière contre les idées catholiques, contre la Papauté;

L'Église dépouillée du droit de propriété et livrée ainsi

à la merci de l'État ; enfin tous les principes faussés, les pouvoirs avilis, la foi de plus en plus affaiblie, le protestantisme ressuscité, des populations entières vivant sans Dieu et sans aucune religion, l'indifférence perdant les âmes de plus en plus, etc., le tout, au nom de LA LOI, au nom des PRINCIPES MODERNES.

Voilà pour l'Église le résultat pratique, voilà les fruits de la révolution *modérée*, de la révolution de 89.

Si, d'autre part, vous jetez les yeux sur l'Europe moderne, fille de 89, quel spectacle s'offre à vos regards ? « Plus de révolutions, et de révolutions sociales, dans un an, qu'autrefois dans un siècle ; les peuples jouant avec les couronnes des rois, comme les enfants avec des hochets ; depuis soixante-dix ans, TRENTE-NEUF trônes tombés ; VINGT-DEUX dynasties exilées, voyageant à pied sur tous les chemins de l'Europe ; VINGT-CINQ chartes et constitutions acclamées, jurées et déchirées ; les formes gouvernementales les plus opposées se succédant comme les feuilles sur les arbres, comme les vagues d'une mer en furie. Le monde sur un volcan, et tous ceux qu'on appelle encore princes, rois, empereurs, ballottés et chancelants sur leurs trônes, comme le matelot au sommet du navire pendant la tempête [1]. »

Aux fruits reconnaissez l'arbre ; d'après les conséquences jugez, et, si vous l'osez, vantez encore les PRINCIPES !

[1] *Lettres sur la situation*, par Mgr Gaume

XX

Les diverses espèces de révolutionnaires.

La Révolution étant une idée, un principe, tout homme qui se laisse dominer par cette idée, qui se laisse diriger par ce principe, est un révolutionnaire. Il l'est plus ou moins, selon qu'il donne plus ou moins dans le piége.

On peut et on doit distinguer plusieurs catégories de révolutionnaires. Les premiers, les plus coupables, les plus rapprochés de Satan, leur père, sont ces hommes exécrables, qui de sang-froid conspirent contre Dieu et les hommes, séduisent et trompent les peuples, et conduisent, comme de redoutables capitaines, l'armée de l'enfer à l'assaut de l'Église et de la société. Ils sont, Dieu merci, en petit nombre; mais ce sont de vrais démons.

Après eux, moins imbus de l'idée révolutionnaire, mais bien pervers encore, viennent les hommes qui conduisent, eux aussi, la Révolution à son but final, qui veulent ouvertement anéantir l'ordre social catholique et même le *vrai* principe monarchique, mais qui repoussent le meurtre et le pillage. Ce sont les Mirabeau, les Palmerston, les Cavour, et tous ces impies qui, depuis un siècle, tournant la politique, les lois et les institutions civiles contre l'Église de Jésus-Christ, sont le fléau de la société chrétienne. Ils savent se contenir plus que les premiers, ils colorent plus savamment leurs projets anticatholiques, et n'inspirent pas d'horreur ; ils peuvent parler et écrire en plein jour, et disposent ainsi d'un grand pouvoir matériel et moral ; ils croient mener et sont menés eux-mêmes ; leur grand nombre et leurs moyens d'action les rendent très-redoutables.

En troisième ligne, il faut placer ces *hommes d'ordre*, enfants de 89, qui veulent faire abstraction de l'Église dans tout l'ordre politique et social. Leurs intentions sont souvent honnêtes ; mais il leur manque le sens antirévolutionnaire, qui est la foi, qui est le sens catholique. Ils ne détestent pas l'Église ; ils lui accordent même un vague respect ; mais ils ne la comprennent pas, et l'empêchent de sauver la société, qui ne peut être sauvée que par elle. Leur action révolutionnaire est plutôt négative que positive. Il y a bien peu d'hommes publics en Europe, depuis un siècle, qui n'appartiennent à cette très-nombreuse catégorie de révolutionnaires. Le journalisme européen est presque en entier dans ses rangs et à son service. C'est de la graine de francs-maçons.

Viennent ensuite des hommes à imagination exaltée, sans aucune instruction religieuse, mais au cœur bon et noble, qui prennent les idées démocratiques pour de généreux élans, pour l'amour du pauvre peuple, pour le patriotisme, et qui de très-bonne foi croient que la Révolution est un bienfaisant progrès, est la religion de la liberté. Ils aiment toujours les réformes, tout en détestant les émeutes. Ce sont de pauvres égarés, qui font du mal sans le savoir. Une solide instruction religieuse, une bonne conversion, les ramèneraient complétement.

Enfin, tout près de nous, mais encore dans le camp

de la Révolution, nous trouvons un nombre considérable de chrétiens honnêtes, quelquefois même pratiquants, mais peu instruits, qui se laissent éblouir par le prestige du libéralisme, et qui veulent concilier le bien et le mal. Leurs préjugés d'éducation, de lectures, de journal, de politique, de position sociale, paralysent pratiquement les pensées de respect qu'ils ont dans le cœur pour les droits de la Religion. Ils aiment le prêtre, et néanmoins ils ont peur de son influence. Ils blâment volontiers le Pape et l'Épiscopat; ils prennent facilement le parti de l'État contre l'Église, du temporel contre le spirituel, et n'ont, en fait de politique, aucun autre principe que le libéralisme, qui n'en est pas un. Le nom de *liberté* suffit pour les éblouir; la sécularisation et la modération leur paraissent l'unique remède à tous les maux.

Qu'ils le veuillent ou non, tous ces hommes appartiennent au parti de la Révolution, au parti du *véritable* désordre, de la désorganisation religieuse et politique de la société. Les premiers et les seconds sont les meneurs, les autres sont les instruments quand ils ne sont pas les dupes. Tous, ils sont enveloppés dans l'immense filet dont parlait plus haut la Vente suprême; les derniers, les révolutionnaires honnêtes, détestent les autres et les craignent, comme le goujon craint le brochet; mais le brochet dévore le goujon.

Que chacun s'examine et se juge. Qu'il voie, en conscience et devant Dieu, s'il appartient à l'une des cinq classes que je viens de dire. La fortune, le rang, l'esprit ne font rien à la chose; on peut être révolutionnaire à tous les degrés de l'échelle sociale; c'est une affaire de *principes* et de conduite. Quiconque viole, en son intelligence ou en ses actes, dans sa conduite privée ou dans sa conduite publique, par ses paroles, par ses œuvres, par ses exemples, de quelque manière que ce soit, l'ordre social catholique, établi de Dieu pour le salut du monde, est révolutionnaire; qu'il soit grand ou petit, ecclésiastique ou laïque, il importe peu. Il y a des révolutionnaires partout, dans les ateliers, dans les châteaux comme dans les chaumières; il y a des révolutionnaires en habit noir et en cravate blanche, aussi bien qu'en paletot et en blouse.

Les catholiques, les vrais catholiques de cœur et d'esprit, sont seuls hors du camp de la Révolution; mais qu'ils prennent garde de se laisser séduire au milieu de la contagion publique! Un seul homme au monde est absolument à l'abri de la séduction : celui à qui il a été dit par le Christ : « J'ai prié POUR TOI, afin que ta foi « ne puisse défaillir; à ton tour, CONFIRME TES FRÈRES. » Le Pape, le successeur de Pierre, le Chef de l'Église, est protégé par Dieu même contre toutes les erreurs et par conséquent contre l'erreur révolutionnaire. Comme Pape, comme Docteur catholique, il ne peut être séduit. Attachons-nous indissolublement à l'enseignement pontifical; élevons nos regards fidèles par-dessus toutes les têtes, par-dessus toutes les couronnes, et même par-dessus toutes les mitres, pour les fixer sur la tiare de saint Pierre; savoir ce qu'enseigne le Pontife romain, le Vicaire de Dieu, et penser comme lui, croire comme lui, dire comme lui : tel est le seul mais infaillible moyen d'échapper à la Révolution. Que d'illusions sur ce point parmi ceux que le monde appelle *honnêtes gens!* et combien de loups se croient des agneaux!

XXI

Comment on devient révolutionnaire.

Une société devient révolutionnaire en ne réprimant pas les révoltes, les mauvaises passions qui minent dans son sein les grands principes religieux et politiques, lesquels sont, nous l'avons dit plus haut, la base de tout l'ordre social. Mais je ne parle pas ici des sociétés, je ne m'occupe que de l'individu. Or pour l'individu cela commence souvent de très-bonne heure.

Voyez-vous cet enfant qui mord et bat sa mère? C'est un révolutionnaire qui tette. A cinq ans, il fait tapage au logis et impose ses mille caprices à son père et à sa mère; c'est un révolutionnaire en herbe. Écolier, il se moque de ses maîtres, déchire ses livres, monte tous les mauvais coups; — révolutionnaire faisant son stage. Apprenti, il se façonne au vice, il insulte les prêtres qui l'ont préparé à sa première Communion, les bons Frères auxquels il doit son éducation gratuite; — révolutionnaire qui prend ses degrés. Ouvrier, il s'insurge contre son patron, lit et commente les feuilles démagogiques, se plaint du gouvernement, entre dans les sociétés secrètes, fête le lundi, jamais le dimanche, et au besoin monte sur les barricades : — révolutionnaire émancipé.

Et voilà le révolutionnaire en blouse.

Le révolutionnaire en paletot et en habit noir est, au collége, un élève indiscipliné ; bien avant l'âge, ses mœurs sont corrompues ; il organise les révoltes, se fait chasser ; de lycée en lycée, il arrive à l'adolescence, déjà roué, sans foi, ambitieux et déterminé ; il est démocrate, sans savoir ce que c'est ; et s'il sait quelque peu barbouiller du papier, il fait des articles de journaux ; — révolutionnaire émérite. Il fait des pièces ou des brochures ; si sa prose surnage, s'il prend de l'influence, de deux choses l'une : ou bien, il *attrape* une place, un emploi lucratif, et le voilà homme d'ordre ; ou bien, il n'attrape rien, et alors il conspire, bien décidé, si le coup réussit et s'il arrive jamais au pouvoir, à faire main basse sur la fortune publique et à supprimer le fanatisme et la superstition ; — révolutionnaire grand homme, père de la liberté.

En résumé, on devient révolutionnaire, en s'habituant à rejeter l'autorité, l'autorité paternelle, l'autorité religieuse, l'autorité politique ; le goût de la révolte se développe d'année en année, et, sous le souffle du démon, on devient souvent un véritable scélérat.

XXII

Comment on cesse d'être révolutionnaire.

Pour les sociétés, en redevenant catholiques, complétement catholiques. Pour l'individu, en allant à confesse; il n'y a pas d'autre moyen.

La Révolution, c'est la révolte, c'est l'orgueil, c'est le péché; la confession et avec elle la très-douce et très-sainte communion, c'est l'humble soumission de l'homme à son Créateur, c'est l'amour, c'est la pureté, c'est l'ordre.

J'ai connu un de ces bienheureux convertis du camp révolutionnaire; il s'était livré à tous les excès de la révolte de l'esprit et du cœur; il avait rejeté l'Église comme une vieillerie malfaisante, l'autorité comme un joug avilissant. Représentant du peuple, siégeant à la Montagne, il avait rêvé je ne sais quelle régénération sociale. Honnête homme au fond cependant, et sincère dans ses égarements, il vit bientôt s'ouvrir devant lui des abîmes qu'il n'avait pas soupçonnés; il vit de près les revolutionnaires et leurs projets et leurs œuvres. Partisan des fameux principes de 89, il en vit sortir fatalement les conséquences de 93; il prit la Révolution sur le fait;... et rejeté dans le bien par l'excès même du mal, il tendit ses bras désespérés vers cette Église qu'il avait méconnue; il se repentit, il examina, il crut et déposa aux pieds du prêtre, avec le fardeau de ses péchés, les affreuses livrées de la Révolution. Il y a de cela bientôt dix ans, il a trouvé la paix et le bonheur. Il fait autour de lui un bien immense, se dévouant au service de Jésus-Christ avec une sainte ardeur.

Dans les rangs peu chrétiens de nos jeunes démocrates, combien de nobles cœurs, abusés par les utopies révolutionnaires, cherchent, sans pouvoir les trouver, cette paix et ce bonheur! Les aspirations de leur âme ne seront satisfaites que lorsqu'ils se soumettront au joug bienheureux du Sauveur et lorsque, devenant de vrais catholiques, ils expérimenteront la puissance divine de la parole évangélique: « Venez à moi, vous tous qui souffrez « et qui travaillez, et moi je vous soulagerai. Prenez mon « joug sur vous, et apprenez de moi que je suis doux et « humble de cœur; et vous trouverez le repos de vos « âmes. »

Et ce qui est vrai de l'individu est également vrai de la société; l'enfant prodigue, le monde moderne, misérable loin de la maison paternelle, loin de la sainte Église, ne trouvera le repos qu'aux pieds du Christ et de son Vicaire.

XXIII

La réaction catholique.

Sommes-nous des réactionnaires? Non, si par réactionnaires, on entend des esprits chagrins, toujours occupés à regretter le passé, l'ancien régime, le moyen âge. « Personne, disait le bon Nicodème, ne peut rentrer dans le sein de sa mère pour naître de nouveau ; » nous le savons très-bien, et nous ne voulons pas l'impossible.

Oui, nous sommes des réactionnaires, si l'on entend par là des hommes de foi et de cœur, catholiques avant tout, ne transigeant avec aucun principe, n'abandonnant aucune vérité, respectant, au milieu des blasphèmes et des ruines révolutionnaires, l'ordre social établi de Dieu, décidés à ne pas reculer d'un pas devant les exigences d'un monde perverti, et regardant comme un devoir de conscience la *réaction antirévolutionnaire.*

Nous le disions tout à l'heure, la Révolution est le grand danger qui menace l'Église aujourd'hui. Quoi qu'en disent les endormeurs, ce danger est à nos portes, dans l'air que nous respirons, dans nos idées intimes. A la veille des grandes catastrophes, il s'est toujours trouvé de ces incompréhensibles aveugles, sourds et muets, qui ne veulent rien voir, rien comprendre. « Tout va bien, disent-ils ; le monde n'a jamais été plus éclairé, la fortune publique plus prospère, l'armée plus brave, l'administration mieux organisée, l'industrie plus florissante, les communications plus rapides, la patrie plus une. » Ils ne voient pas, ils ne veulent pas voir que cet ordre matériel couvre un désordre moral profond, et que la mine prête à éclater est à la base même de l'édifice. Endormis et endormeurs, ils abandonnent la défense, la font abandonner aux autres et livrent à la Révolution l'Église désarmée.

Et cependant, cela est plus clair que le jour, la Révolution c'est l'antichristianisme qui appelle à soi toutes les forces ennemies de l'Église : incrédulité, protestantisme, césarisme, gallicanisme, rationalisme, naturalisme, fausse politique, fausse science, fausse éducation : « Tout cela est à moi, tout cela fait mon œuvre, s'écrie la Révolution ; nous marchons tous contre l'ENNEMI COMMUN ! Plus de Pape, plus d'Église ; affranchissement du joug catholique, émancipation de l'humanité ! »

Voilà le redoutable adversaire contre lequel chaque chrétien est obligé *en conscience* de RÉAGIR, comme nous l'avons déjà dit, avec toute l'énergie que donne l'amour de DIEU, uni au vrai patriotisme. Voilà l'ennemi commun ; il faut vaincre ou périr.

Comment vaincrons-nous? D'abord, je le répète, en ne craignant pas. Un chrétien, un catholique, un honnête homme ne doit craindre que DIEU. Or, DIEU est avec nous, et nous sommes certains de vaincre tôt ou tard. Peut-être faudra-t-il du sang comme aux premiers siècles, du sang et des humiliations et des sacrifices de tout genre ; soit. Mais nous finirons par vaincre : « Ayez confiance, j'ai vaincu le monde : *Confidite, ego vici mundum !* »

Puis, nous devons mettre au service de la grande cause toutes les influences, toutes les ressources dont nous pouvons disposer. Si, par notre position sociale, nous pouvons exercer une action générale sur la société, soit par notre plume, soit par tout autre moyen légitime, ne manquons pas à notre devoir catholique d'homme public. Faisons le bien sur une aussi grande échelle que possible.

Si nous ne pouvons exercer qu'une action individuelle et restreinte, gardons-nous de croire que cette influence est perdue au milieu du tourbillon. L'Océan n'est formé que de gouttes d'eau réunies, et c'est en convertissant des individus que l'Église est parvenue, après trois siècles d'une indomptable patience, à convertir, à transformer le monde. Faisons de même ; en face de la Révolution, universelle comme le paganisme d'alors, cherchons, même individuellement, « le royaume de Dieu et sa justice, et tout le reste nous sera donné par surcroît. » Jeunes gens, hommes faits, vieillards, enfants ; femmes, jeunes filles ; riches, pauvres ; prêtres, laïques, qui que nous soyons, travaillons avec confiance, et faisons l'œuvre de Dieu ; si le monde se remplit de saints, si la majorité des membres qui composent la société devient profondément catholique, l'opinion publique réformera d'elle-même et sans secousse cette société qui se perd, et la Révolution disparaîtra.

Ayons pour le bien l'énergie que la Révolution déploie pour le mal. Nous l'entendions dire tout à l'heure aux enfants de ténèbres : « Le travail que nous allons entreprendre n'est l'œuvre ni d'un jour, ni d'un mois, ni « d'un an ; il peut durer plusieurs années, un siècle peut-« être ; mais dans nos rangs, le soldat meurt et le combat « continue. Ne nous décourageons ni pour un échec ni « pour un revers ; c'est d'insuccès en insuccès qu'on ar-« rive à la victoire. »

Enfants de lumière, prenez cette règle pour vous, et appliquez-la avec le zèle de l'amour. L'Église est pauvre : vous êtes riches, donnez-lui votre or ; vous êtes pauvres vous-mêmes : partagez avec elle votre pain. L'Église est attaquée les armes à la main : un sang généreux coule dans vos veines ; offrez-lui votre sang. L'Église est indignement calomniée : vous avez une voix, parlez ; une plume, écrivez pour sa défense. L'Église est abandonnée, trahie par ceux qui se disent ses enfants. Sa confiance est en DIEU seul : hâtez par vos prières le secours d'en haut. Que notre devise à tous soit la belle parole de Tertullien : « Aujourd'hui tout catholique doit être soldat : *In his omnis homo miles.* »

Avant tout, il faut, dans le siècle où nous vivons, se former avec soin l'esprit et l'intelligence ; il faut baser sa vie sur des principes purement catholiques, afin de ne pas être emportés, comme tant d'autres, à tout vent de doctrine. Presque tous les jeunes gens qui donnent dans les idées libérales et révolutionnaires manquent de ces principes réfléchis et sérieux dont la foi est l'immuable point de départ. Une responsabilité redoutable pèse à cet égard sur les hommes chargés d'instruire la jeunesse ; depuis longtemps, l'éducation et l'enseignement sont le berceau caché de la Révolution.

Prenons garde à nos lectures ; il y a *très-peu* de bons livres, de livres vraiment purs en fait de principes, surtout en fait de principes politiques et sociaux ; presque tous méconnaissent totalement la mission sociale de l'Église ; ou ils la repoussent, ou ils ne daignent pas en parler. N'ayant plus, pour point de départ, l'autorité divine, ils sont forcés de tout faire reposer sur l'homme seul ; sur le souverain, s'ils sont monarchistes, et c'est l'absolutisme ou le césarisme ; s'ils sont démocrates, sur la souveraineté du peuple, et c'est la Révolution proprement dite. De part et d'autre, erreur fondamentale, principe social antichrétien. Les plus dangereux de ces livres, du moins pour les lecteurs honnêtes, ce ne sont pas les pamphlets ouvertement impies ; ce sont bien plutôt les livres de fausse doctrine modérée, qui accordent à l'Église un certain respect. 89 est plus dangereux que 93.

Que l'on se méfie principalement des livres d'histoire. Depuis quelques années seulement, un revirement heureux, dû à la bonne foi et à des études plus consciencieuses, nous a valu quelques précieux ouvrages qui suffisent à peu près pour dissiper les préjugés et les erreurs[1]. Depuis trois siècles, l'histoire a été transformée, par les haines protestantes, et plus tard par le voltairianisme, en une véritable machine de guerre contre le christianisme. Elle est devenue, a dit le comte de Maistre, « une conspiration permanente contre la vérité. »

Ce qui est vrai des livres l'est encore bien plus des

[1] J'indiquerai entre autres la *Défense de l'Église*, par Gorini, 3 vol. in-8° ; l'histoire de l'*Infaillibilité des Papes*, par l'abbé Constant, 2 vol. in-8° ; l'*Histoire de l'Église*, par Darras, 4 vol. in-8° ; enfin l'excellente *Histoire universelle de l'Église*, par Rohrbacher, véritable répertoire de tous les documents qui peuvent former et fixer l'intelligence d'un jeune catholique.

journaux, cette peste publique qui empoisonne le monde entier. Presque tous, ils sont les champions avoués ou secrets de la Révolution. Rien n'est dangereux comme la lecture d'un journal non catholique; répétée chaque jour, elle s'insinue promptement et profondément dans les têtes les plus solides, et finit par fausser le jugement. Je vous en supplie, ne vous abonnez à aucune de ces feuilles, et moins encore à celles qui couvrent leurs mauvaises doctrines d'un masque d'honnêteté, et se prétendent conservatrices. « Il n'est pire eau que l'eau qui dort. »

Enfin, je recommande aux jeunes hommes une instruction religieuse très-forte et très-solide. Je n'ose leur parler de la *Somme de saint Thomas*, chef-d'œuvre incomparable, résumant, dans un ordre magnifique, toute la doctrine religieuse, toute la tradition catholique; les intelligences ont tellement baissé, depuis que la foi ne soutient plus la raison, que l'on n'est plus même en état de comprendre aujourd'hui ce que le grand Docteur offrait aux *étudiants* du MOYEN AGE comme « du lait pour les commençants ! »

Entre plusieurs ouvrages de fond, je recommanderai la *Théologie dogmatique* et l'*Exposition du droit canonique*, du Cardinal Gousset; la *Règle de la foi*, du P. Perrone, et les belles *Études philosophiques*, de M. Nicolas; comme résumé de la doctrine chrétienne, le grand Catéchisme du Concile de Trente, traduit par Mgr Doney; enfin les excellentes *Réponses populaires* du P. Franco, qui résument avec une lucidité merveilleuse et une très-pure doctrine toutes les controverses à l'ordre du jour.

Les lumières de l'esprit ne suffisent pas; il faut en outre la sainteté du cœur. Tout homme qui veut réagir sérieusement contre le mal qui nous dévore doit vivre en vrai chrétien, mener une vie pure, innocente, détachée du monde, et tout animée de l'esprit de l'Évangile; il doit prier beaucoup, communier souvent, et puiser ainsi à ces sources vives la véritable vie chrétienne et catholique. Les hommes de foi, de prière et de charité possèdent seuls le secret des grandes victoires.

Telle doit être notre *réaction* contre la séduction des faux principes et contre l'entraînement universel. Tel est notre DEVOIR à tous, devoir dont nous rendrons compte à DIEU quand nous paraîtrons devant lui. Ce devoir regarde avant tout ceux qui directement ou indirectement ont charge d'âmes : les Pasteurs de l'Église, les Évêques et les Prêtres, docteurs du peuple chrétien, chargés par DIEU du soin d'instruire *tous* les hommes de *tous* leurs devoirs, et de les garantir contre les piéges du mensonge; les chefs des États, qui doivent, comme nous l'avons vu, veiller sur le salut de leurs peuples, en facilitant à l'Église sa mission salutaire; les pères et mères, dont le ministère consiste avant tout à faire de leurs enfants des chrétiens solides et des hommes de dévouement.

Que DIEU bénisse nos efforts! et que le monde, encore une fois, soit sauvé par les chrétiens!

XXIV

Faut-il lutter contre l'impossible?

La question est de savoir si c'est *impossible*. Le mot *impossible* n'est pas français, dit-on; est-ce bien vrai? je l'ignore; ce que je sais, c'est qu'il n'est pas chrétien. « Ce qui est impossible aux hommes, est possible à Dieu. » Le monde païen étant ce que chacun sait, n'était-il pas impossible et trois fois impossible que douze pêcheurs juifs le convertissent à la folie de la croix? n'était-il pas impossible que saint Pierre remplaçât Néron au Vatican? L'histoire de l'Église est l'histoire des impossibilités vaincues; c'est la réalisation permanente de l'oracle du Sauveur : « *Et nihil impossibile erit vobis :* Pour vous, rien ne sera impossible. » (Saint Luc, xvii, 19.) Il est moins difficile, si je ne m'abuse, d'épurer le monde actuel, qu'il ne l'a été à nos pères d'épurer le monde païen. Prenons les mêmes moyens, les mêmes armes; la foi triomphera maintenant comme alors.

« Soit, diront peut-être quelques chrétiens timides, mais, les idées modernes et démocratiques étant répandues et enracinées partout, l'impossibilité pour l'Église d'exercer ses droits sur les sociétés paraissant un fait accompli, et l'avenir paraissant devoir favoriser de plus en plus ce fâcheux état de choses, ne serait-il pas plus raisonnable, peut-être même plus utile à la bonne cause, d'accepter le fait, de faire des concessions sur le droit et de pactiser sans crainte avec les principes modernes? Agir autrement, n'est-ce pas risquer de tout compromettre? n'est-ce pas même exposer la Religion aux récriminations publiques? » — Gardez-vous de le croire. Dans les temps de transition comme le nôtre, les hommes ont besoin de la vérité, de la vérité tout entière. Les vérités ont été affaiblies et abandonnées par les passions humaines, *diminutæ sunt veritates a filiis hominum;* dépositaires de tous ces principes sacrés de vie religieuse, sociale, politique et domestique, rendons-les au monde, qui se meurt faute de les connaître. Pas de prudence humaine; elle perdrait tout. *Prudentia carnis mors est.* Soyons prudents, oui; mais prudents dans le Christ. Nous passerons, comme toujours, pour des insensés, et nous serons très-sages; « insistons, comme la foi nous « l'ordonne, insistons à temps et à contre-temps; reprenons, supplions, signalons le mal en toute persévérance et doctrine. » Ce sont les propres paroles de l'Apôtre saint Paul, qui nous en adjure « devant Dieu et « devant Jésus-Christ, Juge des vivants et des morts. » Et il ajoute, prophétisant les défaillances des hommes et du temps où nous vivons : « Car il viendra « un temps où ils ne supporteront plus la saine doctrine, « mais, selon leurs passions, ils s'abandonneront à « une foule de docteurs qui les flatteront; et, se détournant de la vérité, ils se nourriront de fables. « Pour vous, veillez et ne craignez point la peine. »

Rien de plus clair que cette ligne de conduite; ayons le courage de l'adopter.

« Mais on criera contre l'Église? » — On criera; et puis, on ne criera plus. Est-ce que l'on ne crie pas maintenant? Qu'est-ce que le journalisme, qu'est-ce que la politique dans l'Europe entière, sinon un cri permanent contre l'Église, sous prétexte de parti clérical, d'empiétements ultramontains, de fanatisme? Parlons haut et ferme au milieu de ces clameurs; rappelons-nous qu'il n'est pas permis de se taire. *Væ mihi, quia tacui*[1] !

« Mais, en demandant trop, vous n'obtiendrez rien. » — Nous ne demandons pas trop; nous demandons ce que Dieu veut, ce que les hommes *doivent* lui donner, ce qui est juste, et, en outre, ce qui peut seul nous sauver tous. Remarquez-le bien; c'est ici une question de vie ou de mort, comme jadis entre le paganisme et le christianisme; ce sont deux principes qui s'excluent, l'Église et la Révolution, le Christ et le démon; il n'y a pas de terme moyen. D'ailleurs, auriez-vous encore la simplicité de croire qu'avec les révolutionnaires les concessions servent à quelque chose? « Une seule concession peut nous satisfaire : *c'est la pleine et entière destruction du pouvoir temporel de l'Église.* » Ce sont les paroles textuelles des chefs de la Révolution; et il faut ajouter: « du pouvoir spirituel; » car le temporel n'est que l'ar-

[1] II Ad Tim. IV.

mure destinée à protéger, à sauvegarder le spirituel. En demandant moins, nous ne gagnerions rien.

« Mais il faut être charitable. » — Oui, la charité et la douceur peuvent ramener les coupables; aussi faut-il toujours être doux et charitable; mais les questions de principes sont des questions de VÉRITÉ et non de charité; il n'y a là matière à aucune concession. Avant d'être la société de la charité, l'Église catholique est la société de la vérité. Jamais la charité et la vérité ne doivent s'exclure; la charité qui sacrifierait la vérité ne serait plus charité, mais faiblesse et trahison.

« Mais il faut de la prudence dans l'exposition de la vérité elle-même; il ne faut pas jeter les perles devant les pourceaux; » — Sans aucun doute; mais il ne faut jamais trahir la vérité, ni l'Église, ni le Christ, sous prétexte de gagner plus facilement les sympathies des hommes. Jamais l'Église n'a tenu cette conduite; jamais les Apôtres, les Papes et les Saints n'ont eu recours à cette fausse prudence. Les chrétiens qui voudraient faire autrement seraient évidemment dans le faux; et s'ils n'étaient excusés par la droiture de leurs intentions, ils seraient certainement coupables devant DIEU.

« Mais enfin toute vérité n'est pas bonne à dire. » — Je le sais; mais cela n'est vrai que des vérités qui blessent inutilement et non de celles qui peuvent guérir et sauver. Or, les vérités de l'ordre catholique antirévolutionnaire peuvent *seules* sauver le monde à l'heure qu'il est. Proclamons-les, et par une charitable fermeté, sauvons nos frères malgré eux. C'est beaucoup, croyez-moi, quand on a la vérité pour soi, d'attaquer le préjugé, même le préjugé universel, même le préjugé soi-disant inattaquable. L'attaquer, c'est déjà diminuer son prestige, et c'est beaucoup, car sous le prestige il n'y a rien. Et puis, comme dit le P. Lacordaire dans une de ses magnifiques Conférences, « il vaut mieux tenter quelque chose que de ne rien tenter du tout. »

Rien n'est encore perdu. Les circonstances sont graves, tout le monde le reconnaît; l'Église catholique perd de plus en plus son influence, pour ne pas dire son existence *sociale;* il y a partout des catholiques, et de bons catholiques, mais il n'y a plus de puissances catholiques, plus d'États constitués selon l'ordre divin ; le flot révolutionnaire monte de jour en jour comme les flots du premier déluge; mais enfin les éléments de salut sont toujours là. Je le redis avec assurance, l'état actuel du monde est un état transitoire. De deux choses l'une : ou bien l'Église, dans un temps donné, triomphera de la Révolution, comme elle a triomphé de tant d'autres ennemis ; et alors les nécessités de transition, que l'on voudrait aujourd'hui nous faire accepter comme des principes, disparaîtront d'elles-mêmes, laissant le champ libre aux principes éternellement vrais du christianisme; ou bien la Révolution l'emportera pour un temps, et alors à quoi auraient servi les concessions que l'on nous conseille maintenant? Si « l'heure des ténèbres, » l'heure du prince de ce monde est arrivée, s'il est dans les desseins de Dieu que nous succombions dans la lutte, en défendant les droits de Dieu jusqu'au bout, au moins nous aurons été de bons et fidèles serviteurs et nous pourrons dire avec le grand Apôtre : « J'ai combattu le bon combat ; j'ai fini ma course ; j'ai « gardé la foi. Il ne me reste plus qu'à recevoir la cou- « ronne de justice que me donnera Notre-Seigneur, le « juste Juge. »

« La Révolution peut-elle donc triompher tout à fait de l'Église? l'œuvre de Dieu peut-elle donc périr? » — L'œuvre de Dieu ne périra pas ; mais il en sera de l'Église comme de son divin Chef; elle aura, comme lui, « son heure, » sa passion, son calvaire, son sépulcre, avant de régner sur l'univers et de rassembler toute l'humanité sous la houlette du céleste Pasteur. Tout cela est prophétisé dans l'Évangile.

Cette solution *très-possible* de la question révolutionnaire mérite qu'on s'y arrête un moment.

XXV

Une redoutable et très-possible solution de la question révolutionnaire.

Un certain nombre de catholiques, parmi lesquels plusieurs Évêques et docteurs fort éminents en science et en sainteté, ont la conviction profonde que nous approchons des derniers temps du monde, et que la grande révolte qui brise depuis trois siècles toutes les traditions et les institutions chrétiennes, aboutira au règne de l'ANTECHRIST.

Il est de foi révélée que le dernier avénement de Notre-Seigneur JÉSUS-CHRIST sera précédé d'un épouvantable bouleversement moral et de la lutte la plus terrible de Satan contre le Christ et son Église. *Erit enim tunc tribulatio magna, qualis non fuit ab initio mundi usque modo, neque fiet*[1]. De même que le christianisme tout entier se résume en la personne de son Chef divin, notre Sauveur, de même l'antichristianisme tout entier, avec ses révoltes, ses attentats, ses sacriléges de tout genre, se résumera, en ces temps-là, dans la personne d'un homme tout rempli de l'inspiration et de la rage de Satan : cet homme sera l'Antechrist. Ce sera une sorte d'incarnation de Satan et l'effort suprême de la révolte du démon contre DIEU.

L'Écriture nous parle clairement en plusieurs endroits de son apparition dans le monde, entre autres, dans le vingt-quatrième chapitre de saint Matthieu, dans le treizième de saint Marc, dans le vingt et unième de saint Luc, et dans plusieurs Épîtres des saints Apôtres[2]. Quant à saint Jean, il a été choisi par la divine Providence pour nous dévoiler, dans la magnifique prophétie de son Apocalypse, les douleurs qui précéderont et accompagneront le règne maudit de l'Antechrist, puis sa défaite, puis le règne glorieux du Christ et de l'Église[3]. L'Ante-

[1] Év. S. Matth., XXIV, 21.

[2] Voyez surtout la seconde Épître aux Thessaloniciens, ch. II.

[3] Voir dans l'Apocalypse, depuis le sixième chapitre jusqu'au vingtième.

christ résumera, disions-nous, à un degré suprême, tous les caractères de *toutes* les révoltes antichrétiennes. Il sera César universel et bourreau comme Néron, comme les autres empereurs païens; hérésiarque comme Arius, Nestorius, Manès, Pélage, Luther et Calvin; il dévastera et tuera comme Mahomet et les autres barbares; il s'élèvera contre la Papauté, comme les Césars du moyen âge, comme le schismatique Photius; il niera le vrai Dieu, le Christ et son Église, et fera régner sur tout l'univers le Satanisme ou la Révolution parfaite; après une persécution universelle sans exemple depuis le commencement du monde, il replongera l'Église dans les catacombes, abolira le culte divin, se fera adorer comme le Christ-Dieu, et se donnera, comme tel, un pontife, chef de son culte impie, et quiconque ne portera pas sa marque au front ou à la main droite, sera mis hors la loi et condamné à mort. Le règne révolutionnaire de l'Antechrist durera trois ans et demi. Nos saints Livres en contiennent l'effroyable et prophétique récit, et ils nous apprennent que la délivrance viendra tout à coup, avec le glorieux avénement du Sauveur, au moment où tout semblera perdu. Ce sera la Pâque, la résurrection de l'Église après sa passion douloureuse. Alors la puissance de Satan sera brisée; alors, mais alors seulement, la Révolution sera vaincue.

De très-graves indices font croire que le règne de l'An-

lequel raconte la ruine de l'Antechrist et le triomphe de l'Église jusqu'au dernier jugement techrist n'est pas aussi éloigné qu'on pense. La Révolution lui prépare les voies, en détruisant la foi, en séduisant les masses, en abaissant les caractères, en travaillant sans relâche à l'abolition *sociale* de l'Église. Parmi les raisons qui font croire à l'approche de la Tentation suprême, je signale les suivantes à la méditation sérieuse des hommes de foi : leur valeur est incontestable, et, pour ma part, je les trouve plus que probantes.

1° Après avoir annoncé les signes avant-coureurs du dernier combat, qu'il appelle « les commencements des douleurs, *hæc autem omnia initia sunt dolorum*, » Notre-Seigneur, au vingt-quatrième chapitre de l'Évangile de saint Matthieu, dit formellement que la consommation viendra quand l'Évangile aura été prêché à toutes les nations : *Prædicabitur hoc Evangelium regni in universo orbe, in testimonium omnibus gentibus ; et* TUNC *veniet consummatio.*

Or, il est notoire qu'il ne reste presque plus aucun peuple sur la terre, à qui l'Évangile n'ait été prêché. Depuis trente ans surtout, la propagation de la foi a pris une extension prodigieuse : l'Océanie entière est évangélisée ; nos missionnaires ont pénétré jusque dans le centre de la Haute-Asie, jusque dans le Thibet ; l'évangélisation de l'Afrique, même de l'Afrique centrale, est glorieusement entamée ; les deux Amériques ont été parcourues en tout sens par les hérauts infatigables de JÉSUS-CHRIST. Encore un demi-siècle, moins que cela peut-être (grâce aux révolutionnaires d'Europe qui chassent au loin tous les Ordres religieux et principalement les puissantes légions de la Compagnie de Jésus), et il est certain que « l'Évangile du royaume aura été prêché dans le monde entier, en témoignage à toutes les nations ; *et* TUNC *veniet consummatio ;* ET ALORS VIENDRA LA FIN. » Je le demande, comment échapper à ce fait, à ces paroles, et à leur conséquence évidente?

2° Il est annoncé en outre par Notre-Seigneur lui-même qu'à l'approche des derniers temps, la foi sera presque éteinte sur la terre. « Lorsque le Fils de l'homme reviendra, pensez-vous, dit-il à ses disciples, qu'il trouvera de la foi sur la terre? » *Filius hominis veniens, putas, inveniet fidem in terrâ?* (Saint Luc, XVIII, 8.) Or, n'est-il pas également évident que, malgré la résurrection religieuse très-réelle d'un certain nombre d'âmes d'élite, les masses ont déjà perdu la foi ou sont en train de la perdre? Cela est vrai pour la France ; cela commence pour l'Italie, pour l'Espagne, etc. Le monde catholique est en train de perdre la foi, déjà ruinée dans les trois quarts de l'Europe par le protestantisme, et, dans l'univers entier, combattue, menacée par la fureur réunie de ce même protestantisme et des autres fausses religions. Comme nous le remarquions plus haut, l'influence délétère de la presse quotidienne suffira à elle seule dans un bref délai pour arracher du cœur des peuples une foi déjà profondément ébranlée. Dans tous les siècles chrétiens, il y a eu des incrédules ; mais jamais l'incrédulité n'a pénétré dans les masses et dans les lois comme elle le fait depuis un demi-siècle. Quand on se rappelle la parole de Notre-Seigneur, n'y a-t-il pas là de quoi réfléchir ?

3° L'Apôtre saint Paul, dans sa seconde Épître aux Thessaloniciens, parle fort en détail des derniers temps et de l'Antechrist. Il nous donne un autre signe auquel nous pourrons reconnaître que le danger approche. « Ne craignez pas, dit-il aux anciens fidèles, comme si le jour du Seigneur était proche ; il faut auparavant qu'ait lieu L'APOSTASIE. *Ne terreamini..., quasi instet dies Domini; quoniam* NISI VENERIT DISCESSIO PRIMUM. » (Chap. II, 3.) Les principaux interprètes de l'Écriture, comme l'expose saint Thomas, entendent unanimement, par cette *discessio*, le renoncement général des royaumes à la foi catholique et à l'Église, l'apostasie universelle des sociétés, des nations, *apostasia gentium*. Et c'est encore un des caractères distinctifs de notre époque, en même temps que l'essence même de la Révolution : la *séparation* de l'Église et de l'État, l'apostasie des sociétés en tant que sociétés, la désorganisation sociale du monde catholique, l'athéisme politique et légal. Cette apostasie des sociétés est consommée, ou peu s'en faut. Quel est aujourd'hui sur la terre l'État qui reconnaisse officiellement et comme une institution divine tous les droits de l'Église et qui se soumette, avant toute autre loi, à la loi de JÉSUS-CHRIST, promulguée, expliquée et appliquée souverainement par le Pape, Chef de l'Église ? Il n'y en a plus un seul. Le signe donné par saint Paul semble donc venu, et ce n'est pas à nous, chrétiens du dix-neuvième siècle, que s'adresse la parole : *Ne terreamini*, ne craignez pas.

« Mais n'a-t-on pas cru voir à plusieurs reprises dans les siècles passés ces mêmes signes? n'a-t-on pas annoncé souvent la fin du monde? » — On en a parlé à trois époques, et non sans cause : d'abord, sous Néron, aux approches de la première persécution générale de l'Église et de la destruction de Jérusalem ; puis à l'époque de la chute de l'empire romain, de l'invasion des Barbares et de l'apparition de Mahomet; enfin, au quinzième siècle, aux approches de la prétendue Renaissance et de la révolte de Luther et de Calvin. Je ne parle pas de la fameuse panique de l'an 1000, qui n'a eu aucun caractère officiel et ecclésiastique, qui n'a reposé sur l'enseignement d'aucun Docteur de l'Église, et qui n'a été qu'une impression populaire.

Les trois époques que je viens de dire ont été les différents plans d'un seul et même tableau. Chacune d'elles a été la figure prophétique et partielle de l'événement final, de la suprême catastrophe que les prophéties divines semblent dérouler de plus en plus sous les yeux obscurcis de la génération présente. Voilà pourquoi, à ces trois époques, le pressentiment de la fin du monde a été légitime dans l'Église.

Jérusalem détruite symbolisait au premier siècle la destruction future de la sainte Église, cité vivante de Dieu; Néron était la figure de l'Antechrist, césar et pontife païen, se faisant adorer par tout l'empire, persécuteur des chrétiens dans tout le monde connu, maître de la terre, bourreau de saint Pierre et de saint Paul, comme l'Antechrist sera le bourreau des deux grands envoyés de DIEU, Énoch et Élie. De même, à la chute de l'empire romain, Mahomet, l'ennemi acharné du nom chrétien, a été une autre figure de l'Antechrist, ainsi que les Barbares qui ont été l'instrument de DIEU pour punir et renverser l'empire des Césars, la Babylone païenne, ivre du sang des martyrs. Enfin, au quinzième siècle, saint Vincent Ferrier a eu raison de crier au monde catholique : « Réveillez-vous et faites pénitence; la tentation approche ! » Car, peu de temps après, la renaissance du paganisme et l'apparition fatale des deux grands rebelles, Luther et Calvin, commencèrent cette destruction universelle qu'on appelle la Révolution, préparèrent de loin son avénement et son triomphe ; ce triomphe désastreux, formulé en 89, réalisé pleinement mais passagèrement en 93, organisé depuis par Napoléon et prenant chaque jour davantage possession des intelligences, des institutions, des lois, des coutumes et des sociétés. Encore un peu de temps, et la Révolution enfantera son fils, le fils de Satan, adversaire du Fils de DIEU, « l'homme de péché, comme dit « saint Paul, le fils de perdition, l'ennemi qui s'élèvera « au-dessus de tout ce qui est appelé DIEU, ou de ce qui « reçoit un culte. » L'Antechrist, en effet, n'écrasera pas seulement le christianisme et la véritable Église ; il n'abolira pas seulement le culte du vrai DIEU, le sacrifice catholique et le culte du Saint-Sacrement ; il s'élèvera au-dessus de tous les dieux des nations, de leurs idoles et de leurs cérémonies ; « et il s'assoira dans le temple de Dieu, et s'y montrera comme s'il était Dieu[1]. » Le mystère d'iniquité sera consommé dans toute son étendue, comme il le fut en principe lorsque le Christ, notre Chef, expira sur la croix, et Satan se croira le maître; son culte public s'établira par tout l'univers, au moyen de ces prestiges et de ces faux miracles dont parle l'Évangile. Il faudra que ces prodiges menteurs soient bien puissants, puisque Notre-Seigneur, pour nous prémunir, nous déclare qu'il y aura de quoi « séduire (si cela était possible) les élus eux-mêmes; *et dabunt signa magna et prodigia, ita ut in errorem inducantur (si fieri potest) etiam electi.* » (S. Matth., xxiv.) Rome redevenue infidèle, malgré la Papauté qu'elle persécutera comme jadis, sera, selon toutes les probabilités et suivant le témoignage des anciens Pères, la capitale de l'Antechrist et de son empire, la Babylone universelle et maudite plus complétement encore que sous Néron et les Césars païens. Suarez, Bellarmin, Cornélius a Lapide, attestent que telle est la tradition commune des saints Pères, et que cette tradition est d'origine apostolique.

Une des raisons les plus sérieuses qui portent à croire que nous approchons définitivement de ces temps néfastes, c'est que personne n'y croit plus. Aux trois époques précitées on *croyait*, et en particulier on croyait à la fin du monde; c'était une preuve certaine qu'elle était encore loin. Aujourd'hui il n'en est plus de même.

[1] Homo peccati, filius perditionis, qui adversatur, et extollitur supra omne quod dicitur Deus aut quod colitur, ita ut in templo Dei sedeat ostendens se tanquam sit Deus. (2ª ad Thessal., II, 3, 4).

Il y aurait à ajouter bien d'autres considérations fort sérieuses, à exposer bien d'autres textes des saintes Écritures, à faire ressortir de très-frappantes analogies entre l'œuvre des six jours de la création du monde matériel et les six âges traditionnels que doit durer l'Église, laquelle est la création spirituelle et l'œuvre divine par excellence. Chacun de ces âges est de *mille* ans, suivant toutes les traditions hébraïques et chrétiennes; et à cent ans près nous touchons à la fin du sixième âge, du sixième jour de l'Église. Ces considérations nous entraîneraient trop loin, et j'en ai dit assez, si je ne me trompe, pour montrer à un esprit chrétien et non prévenu que la situation présente doit être prise au sérieux, et que l'Église, selon toute apparence, aura bientôt à se défendre contre le danger suprême.

Quoi qu'il en soit, l'Église touche à une grande crise; que ce soit ou non la dernière, il faut absolument nous préparer à combattre et à souffrir; il faut nous détacher de cœur des biens périssables que la Révolution peut nous ravir, usant de ce monde comme n'en usant pas, tendant à la céleste patrie et, sur la terre, ne vivant que pour l'éternité. Il faut que la Vierge immaculée soit la Reine bien-aimée de notre cœur, l'Eucharistie notre pain de chaque jour, le saint Évangile notre lecture la plus chère. Vivons tout à Dieu, inébranlables au milieu de l'entraînement universel. Indissolublement unis en toutes choses au Vicaire de Notre-Seigneur Jésus-Christ, cherchons dans la pure lumière catholique le guide fidèle qui nous fera traverser d'un pas sûr les ténèbres de la Révolution.

Surtout ne perdons pas courage; saluons d'avance le triomphe promis à la Vérité. Après l'heure des ténèbres, la sainte Église ressuscitera glorieuse et régnera par tout l'univers. Alors se réalisera, dans toute son étendue, l'infaillible et consolante prophétie de l'Évangile : *Il n'y aura plus qu'un seul troupeau et qu'un seul pasteur :* ET ERIT UNUM OVILE ET UNUS PASTOR.

www.ingramcontent.com/pod-product-compliance
Lightning Source LLC
LaVergne TN
LVHW091101150826
845673LV00002B/674

* 9 7 8 2 3 7 6 6 4 3 7 3 9 *